LECCIONES PARA CHICAS CHICOS

DIFERENTES, IGUALES, COMPLEMENTARIOS

LECCIONES PARA CHICAS & CHICOS

DIFERENTES, IGUALES, COMPLEMENTARIOS

SERGIO & CARINA VALERGA

e625.com

Lecciones para CHICAS CHICOS diferentes, iguales, complementarios.

e625 - 2020

Dallas, Texas

Todas las citas bíblicas son de la **Nueva Biblia Viva (NBV)** a menos que se indique lo contrario.

Editado por: **Marcelo Mataloni**

Diseño interior y portada: **JuanShimabukuroDesign**

ISBN: 978-1-946707-34-5

IMPRESO EN ESTADOS UNIDOS

CONTENIDO

INTRODUCCIÓN

¡Querido líder! Navegar con nuestros chicos y chicas los aspectos más significativos de su adolescencia y juventud no es un detalle menor. Tu voz, ejemplo y liderazgo tienen un lugar de suma importancia en sus vidas, así que es todo un privilegio vivir de primera mano y frente a tus propios ojos el desarrollo y crecimiento que van alcanzando.

Esperamos que estas 20 lecciones te sirvan de ayuda para abordar temas clave y guiarlos a profundizar su relación con Dios y dedicarle sus vidas, a la vez que fortalecen lazos contigo y entre ellos.

METODOLOGÍA SUGERIDA:

Estas lecciones están pensadas para que, luego de una introducción en común, chicos y chicas se dividan con sus respectivos líderes para profundizar en ciertos temas específicos.

Te sugerimos que desde el inicio del estudio de estas lecciones escojan un #hashtag para que ambos grupos puedan utilizar con el objetivo de registrar esta hermosa aventura de crecimiento espiritual en redes sociales.

LECCIONES PARA CHICAS

¿QUÉ TIENES EN TU CLÓSET?

Querida amiga, tu clóset habla de ti mucho más de lo que te imaginas. Y no me refiero puramente a lo externo, si eres ordenada, la ropa está limpia, los zapatos están todos tirados o si acomodas tu ropa por colores, más bien me refiero a tu estilo particular de vestir y al tipo de ropa que usas. Si entráramos hoy y filmáramos un vídeo de tu clóset, aun sin conocerte, tendríamos toda una imagen de tu personalidad y lo que reflejas ante los demás. ¿Encontraríamos tal vez ropa demasiado sensual para tu edad o, por el contrario, prendas demasiado recatadas y pasadas de moda? Continuamente estamos enviándole mensajes a la gente que nos rodea a través de nuestra forma de vestir... y sobre todo a los chicos, que son tan visuales. Pero hoy quiero hablarte de algo diferente.

¿Sabías que hay cosas que guardas en el clóset de tu alma que pueden hacerte ver mucho mejor o peor que tu atuendo favorito? Por más que estemos vestidas según el último grito de la moda por fuera, hay ciertos sentimientos negativos que pueden hacernos lucir no tan bellas, así como hay buenos sentimientos que nos embellecen y nos hacen sentir las mujeres más preciosas.

¿Cuáles sentimientos tienen ya un tiempo colgados en el clóset de tu alma? ¿Te doy unas ideas? Deshazte de la amargura y la competencia, porque ya pasaron de moda y te hacen ver fea. Desecha todo tipo de celos, envidia y falta de perdón, porque se comenta que hasta te hacen ver con unos añitos de más. ¡Qué horror!

Nunca quites de tu clóset la compasión, la sinceridad y la verdad. ¡La pasión, la misericordia y la humildad hasta te hacen ver con unos kilos de menos, así que puedes abusar de ellas!

En las próximas semanas estaremos profundizando diversos temas y rindiendo diferentes áreas al Señor. Con la ayuda de nuestro Padre Dios combinaremos los mejores sentimientos para formar los mejores atuendos... ¡esos clásicos que nunca pasan de moda!

«Sobre todas las cosas cuida tu corazón, porque de él brota la vida» (Proverbios 4:23)

LECCIÓN 1

LA BLUSA VERDE... MUY VERDE

La blusa verde representa la envidia que surge de la comparación

ACTÍVATE

¡Bienvenida a la primera lección de chicas! Emprenderemos un emocionante viaje juntas que nos acercará un poquito más a los propósitos de Dios para cada una de nosotras.

Es hora de conocer a nuestras compañeras de aventura, así que cuéntanos:

- Tu nombre
- Un dato curioso que no sepamos de ti
- Tu color favorito
- Tu estación favorita del año

AL PUNTO

La trampa de la comparación nos hace sentir de lo más infelices y saca a luz sentimientos de envidia que tenemos colgados en el clóset de nuestra alma.

TEXTO PRINCIPAL

«El corazón tranquilo le da vida al cuerpo, pero la envidia corroe los huesos» (Proverbios 14:30)

NOTA PARA LA LÍDER

Querida líder, te sugiero que, en la medida de lo posible, lleves al grupo de chicas la prenda de ropa o accesorio del título de cada clase. Hoy nos toca hablar sobre la blusa verde de la envidia. Mientras más ilustraciones visuales utilices más grabado quedará en ellas lo que vayan aprendiendo, así que esta es una gran oportunidad. Puedes decirles algo como «En estas lecciones vamos a hacer un viaje hacia el clóset de tu interior... y creo que seguramente allí tienes colgada una blusa verde... muy verde».

Tómate un tiempo para que te cuenten y comenten entre ellas quiénes tienen prendas de ese color, a quiénes les favorecen o no, si está de moda o nada que ver, si lo usan frecuentemente o no, si el verde es el color favorito de alguna de ellas, si lo relacionan con alguna estación del año en particular, etc.

DESARROLLO DE LA LECCIÓN

Amiga, tenemos un grave problema. Por si aún no te hayas dado cuenta, todas competimos secretamente. Debo reconocer que me pasa y más seguido de lo que quisiera; se trata de una competencia en general entre chicas, pero en lo particular he llegado a identificar una o dos amigas específicas con quienes me encuentro inconscientemente compitiendo y comparándome todo el tiempo. El sentimiento es desagradable y me provoca vergüenza, pero haberlo descubierto me acerca más a la libertad.

Seguramente a ti también te ha pasado o quizás hasta estés experimentándolo durante esta época, por eso creo que este tema merece nuestro análisis y que meditemos en ello.

De repente miras tus redes sociales y encuentras la foto de una de tus amigas que felizmente logró bajar considerablemente de peso; te alegras por ella genuinamente pero luego viene un sentimiento punzante de culpa porque entras tú misma en la escena: el descontento con tu propia figura, la falta de determinación para hacer ejercicios, la falta de constancia en comer saludable, etc. Y lo que comenzó como la alegría de una de tus amigas ahora se convierte precisamente en eso que estás pensando. ¡Adivinaste! En *envidia*, lisa y llanamente envidia.

EL TIEMPO QUE PASAMOS ENVIDIANDO ES TIEMPO PERDIDO QUE JAMÁS PODREMOS RECUPERAR

El estar pendientes de lo que les ocurre a los demás produce en nosotras insatisfacción y descontento, y cuando la insatisfacción se queda rondando en nuestra mente afecta nuestro estado de ánimo, nuestras palabras y nuestras acciones. Inconscientemente estamos comparándonos con otras mujeres, y no hay amor en la comparación, nunca nada bueno salió de la comparación: es una trampa de la que las chicas hemos sido presas fáciles. Si somos realistas, los muchachos no tienen tanto problema con este asunto, en cambio nosotras lidiamos con este sentimiento con más frecuencia de la que quisiéramos.

¿Pero qué tiene que ver la blusa verde con todo esto? Bueno, no sé qué simboliza el color verde en tu entorno o cultura; para algunos es simplemente un tono relajante y refrescante que se relaciona con la armonía de la naturaleza. En Argentina tenemos un dicho: «se puso verde de la envidia».

Estar *verde de la envidia*, por ejemplo, quiere decir hablar muy mal de alguien, probablemente debido a su éxito. Las connotaciones negativas del color verde en español se deben muy probablemente a la bilis, líquido segregado por la vesícula biliar, de color amarillo verdoso. Se creía que los envidiosos producían tal cantidad de bilis que incluso se les teñía la piel hasta el punto de darle una tonalidad verdosa[1].

1 https://mtomasmethod.wordpress.com/2013/09/25/estar-verde-de-envidia-expresiones-en-espanol-relacionadas-con-colores/

La envidia es un pecado. Lo encontramos mencionado en varios textos bíblicos y generalmente forma parte de la lista de sentimientos más horribles que podemos experimentar.

Pide a algunas de las chicas que busquen estos pasajes y los lean en voz alta.

> *«Se entregaron a toda clase de injusticias e inmoralidades sexuales, de perversidad, avaricia y maldad. Están llenos de envidias, homicidios, contiendas, engaños y perversidades»* (Romanos 1:29)
>
> *«Estas son las obras de la naturaleza pecaminosa: inmoralidad sexual, impureza y libertinaje; idolatría y brujería; odios, pleitos, celos, iras, rivalidades, disensiones, sectarismos y envidia; borracheras, orgías y otras cosas como esas. Como ya les dije antes, se los repito ahora: los que llevan esa clase de vida no heredarán el reino de Dios»* (Gálatas 5:19-21)
>
> *«Vi entonces que el móvil principal del éxito es el impulso de la envidia y los celos. Pero también esto es necedad, es perseguir el viento»* (Eclesiastés 4:4)

SER ENVIDIOSA, PRESUMIDA Y ORGULLOSA TIENEN ALGO EN COMÚN: ¡VIENEN COMO RESULTADO DE COMPARARNOS CON LOS DEMÁS!

¿Te imaginas un día súper ventoso y tú corriendo afuera como una loca intentando atrapar al viento? ¡Qué ridiculez más grande! Tiempo totalmente desperdiciado en algo que no te dará ningún beneficio. De la misma manera, el tiempo que pasamos envidiando es tiempo perdido que jamás podremos recuperar. Dejemos de perseguir al viento y utilicemos nuestro precioso tiempo en algo más sabio y provechoso.

Leamos juntas este versículo y descubramos algunos principios elementales: *«El amor es paciente, es benigno; el amor no es envidioso; el amor no es presumido ni orgulloso»* (1 Corintios 13:4).

Ser envidiosa, presumida y orgullosa tienen algo en común: ¡vienen como resultado de compararnos con los demás! Si nos comparamos con alguien que parece tener más que nosotras tendemos a envidiar, pero si nos comparamos con alguien que tiene menos o a quien subestimamos tendemos a presumir y sentirnos orgullosas. No hay triunfo ni amor en la comparación.

Claro que en la época en la que nos toca vivir las redes sociales no ayudan para nada en este aspecto. Vamos a dedicar otra lección para adentrarnos en profundidad sobre este tema.

Dado que la tentación de compararnos nos bombardea continuamente, qué mejor manera de equiparnos para esta batalla que renovar diariamente nuestros pensamientos con la Palabra de Dios. Las Escrituras son la herramienta más efectiva contra la trampa de la comparación porque nos recuerdan la verdad sobre lo que Dios piensa de nosotras.

Meditemos en los siguientes versículos: *«Tú hiciste todas las delicadas partes internas de mi cuerpo y las uniste en el vientre de mi madre. ¡Gracias por haberme hecho tan admirable! Es admirable pensar en ello. Maravillosa es la obra de tus manos, y eso lo sé muy bien. Tú me observaste cuando en lo más recóndito era yo formado. Tus ojos vieron mi cuerpo en gestación: todo estaba ya escrito en tu libro; todos mis días se estaban diseñando, aunque no existía uno solo de ellos»*
(Salmos 139:13-16)

Tu Padre Dios te ha creado exactamente con las características con las que puede usarte para traer gloria a su nombre. ¿Puede la envidia darle gloria a Dios de alguna manera? Por supuesto que no. El poder de Dios te ayuda a lograr muchas más cosas de las que puedes imaginarte. ¿Por qué perder tu valioso tiempo estancándote en la comparación? Hemos sido llamadas a un propósito mucho más alto y más noble que medirnos con otras chicas. ¡Dediquemos nuestros días a darle gloria a Dios!

¿CÓMO SE RELACIONA ESTO CONMIGO?

DIALOGUEMOS:

- ¿En qué formas has visto que la envidia ha erosionado relaciones?
- Identifica ahora mismo en tu pensamiento una chica con la que has estado comparándote secretamente (tal vez sea más que una, en realidad).
- ¿Puedes encontrar la raíz que te ha llevado a tenerle envidia a esa persona? ¿Recuerdas dónde comenzó todo esto?
- Lleva en oración este tema a tu Padre Dios y pídele que te ayude a encontrar el momento o situación que haya dado origen a este sentimiento que ha estado afectándote.
- Esas blusas demasiado verdes de la envidia no favorecen tu imagen ni le traen paz a tu interior. En lugar de compararte con otras chicas y celebrar secretamente sus fracasos, respira profundo y experimenta la paz que viene de comprender el extraordinario valor que tienes para Dios y que sus planes para ti son más que suficientes.
- Ahora dedica estas líneas a continuación para registrar verdades de Dios que encuentras en su Palabra y que pueden ayudarte a evitar la trampa de la comparación.

LECCIÓN 2

¡MIS JEANS FAVORITOS!

Jeans viejos, rotos, desgastados, que espero un día poder adelgazar para volver a usar porque me quedan perfectos. Representa cosas viejas a las que nos aferramos y de las que nos cuesta deshacernos: el pasado, heridas, recuerdos, resentimiento y falta de perdón

ACTÍVATE

Escribe tantos papeles como chicas asistentes a tu célula. Cada papel tendrá escrito un look único y particular, por ejemplo: chica ejecutiva, chica universitaria, chica deportiva, chica relajada, chica de gala, chica de shopping, chica de vacaciones, y todas las ideas que se te vengan a la mente. Luego haces un sorteo, cada una saca un papel y la próxima semana (o clase) deben modelar el outfit que les tocó. ¡Dales la opción de venir así vestidas o tomar unos minutos para cambiarse al final! Luego tómense fotos y súbanlas a sus redes con el *#chicasmultifacéticas*, *#outfitsparatodaocasión* y *#chicase625*, ¡y no olviden el @carinavalerga ya que no quiero perdérmelo!

AL PUNTO

Nuestro Padre es especialista en olvidar el pasado. No importa qué hayas escrito en las páginas de tu historia personal, tu pasado no determina tu futuro. Soltar las vivencias dolorosas y perdonar es clave para avanzar en nuestro caminar con Dios.

TEXTO PRINCIPAL

«Olviden las cosas de antaño; ya no vivan en el pasado» (Isaías 43:18, NVI)

NOTA PARA LA LÍDER

Recuerda llevarte un jean viejo y roto para graficar la enseñanza.

DESARROLLO DE LA LECCIÓN

Todas tenemos en algún rincón de nuestro clóset un jean viejo, gastado y probablemente hasta roto por el uso, pero que juramos y juramos que es el que mejor nos ha quedado en la historia de nuestros jeans. Me escucho diciendo: «Algún día, cuando baje de peso, voy a poder volver a usar mi jean favorito, el que tiene el calce perfecto... Probablemente jamás vuelva a encontrar un jean *que me quede tan bien como este. Por esa razón no pienso deshacerme nunca de él»*.

Permíteme que, durante esta lección, ese jean viejo y roto represente aspectos del pasado que no estamos dispuestas a soltar y que tanto daño están haciéndonos!

Todas tenemos un pasado. Algunas tenemos un pasado de esos soñados, como para plasmarlo en un libro o en un cuadro de exposición, y otras tenemos uno que se parece más a una película de terror, un pasado de esos que quisiéramos eliminar de nuestro disco duro. Todas hemos escuchado la frase «No dejes que tu pasado determine tu futuro», pero por más trillada que esté encierra una gran realidad. Las mismas situaciones desagradables que nos haya tocado vivir van a convertirse en plataformas de nuestras decisiones. Podemos usarlas para conformarnos y convencernos de que nunca podremos superarlas o podemos aprovecharlas como motivación para demostrarle al mundo entero que, a pesar del pasado, tenemos la fortaleza y la capacidad de levantarnos y hacer algo provechoso con nuestra vida.

Dios tiene una forma muy singular de ver el pasado, sería algo así como *borrón y cuenta nueva* o *el pasado, pisado*. Es más, a él le encanta tomar las situaciones más adversas y transformarlas para bien, y por lo tanto hoy quiero que sepas que su opinión sobre ti no está determinada por tu pasado.

LAS MISMAS SITUACIONES DESAGRADABLES QUE NOS HAYA TOCADO VIVIR VAN A CONVERTIRSE EN PLATAFORMAS DE NUESTRAS DECISIONES

Leamos juntas estas palabras del apóstol Pablo: *«Hermanos, no pienso que yo ya lo haya alcanzado. Más bien, sigo adelante trabajando, me olvido de lo que quedó atrás y me esfuerzo por alcanzar lo que está adelante. De esta manera sigo adelante hacia la meta, para ganar el premio que Dios ofrece por medio de su llamado celestial en Cristo Jesús»* (Filipenses 3:13-14). En otras palabras, resulta muy difícil poder enfocarnos en lo que viene delante si insistimos en aferrarnos a lo que quedó atrás. El resentimiento y la falta de perdón son como un ancla al pasado y es muy probable que algunas de nosotras no nos hayamos dado cuenta de la urgencia de cortar esos lazos para poder disfrutar de lo que viene.

Gloria Vázquez expresa de maravilla su reflexión sobre el perdón en su artículo publicado en la Biblia Bilingüe Teen Edition:

> *¿Te has encontrado alguna vez con personas que presumen sus cicatrices, que quizás se cayeron de alguna patineta, bicicleta o haciendo algún deporte rudo? Claro que en el momento del golpe no estaban tan felices, pero después de que se sana y cierra esa herida solo queda la muestra, el recuerdo de lo que pasó, y lo presumen como algo que atravesaron con valentía y orgullo, como algo de lo que sobrevivieron.*
>
> *También hay gente que muestra fotografías de un choque del cual lograron salir vivos. Una vez que sobrevivieron al percance, muestran las fotos de todo el fierro doblado, de lo terrible del accidente y lo increíble que fue salir invicto de ahí.*
>
> *Cuando enseñas las cicatrices o el carro hecho trizas es porque ya no duele lo sucedido; ya sanó. Puedes recordarlo y hasta con orgullo mostrar las cicatrices, pero ya no te duele como cuando te lastimaste por primera vez.*

Las cicatrices marcan sucesos que pudieron ser dolorosos, pero al sanarse correctamente nos queda el recuerdo pero ya no el dolor.

Existen cicatrices que no se ven, las del corazón: las heridas que nos hacemos por tomar malas decisiones, las que nos hacen las decisiones o acciones de otros o las de sucesos inesperados como lo son la muerte, una enfermedad incurable, la separación o el divorcio de los padres, que tu novio te abandone, alguna pérdida, la traición, el engaño, la decepción, etc. Si una herida no sana completamente, si no la desinfectamos y limpiamos profundamente, el resultado puede ser una infección, y lo que era una pequeña lastimadura se convierte en algo enorme que supura y hasta huele mal.

Lo mismo sucede en el corazón. La herida tiene que sanar, y se sana de una forma sencilla: pidiéndole a Dios perdón por algo que hicimos, perdonando a otros por lo que nos hicieron o perdonándonos a nosotras mismas por haber fallado. ¡Sí! El perdón es algo increíble, ya que sana en el momento las heridas que tienen todo el potencial de quedar abiertas y supurando. El perdón no es algo que se siente, es una decisión; no siento hacerlo, sin embargo es lo que me ayuda a ser libre. No significa que minimices lo que alguien te hizo, simplemente significa que estás dispuesta a soltar y borrarle la cuenta a esa persona que quizás merecería el látigo de tu desprecio. Como Cristo nos perdonó a ti y a mí, de igual forma decidimos extender nuestro perdón a los demás.

Las cicatrices de Jesucristo permanecen para recordarnos que, gracias a aquellas heridas espantosas en su cuerpo, nosotras podemos ser perdonadas, sanadas y libres. Si vas a ver tus cicatrices y vas a dolerte de tus heridas, recuerda las cicatrices y heridas de Jesús: si tomas en cuenta esa perspectiva entenderás que Jesús sufrió más, perdonó más y nos sanó a través de todo ese sufrimiento.

Al final del día, cuando ya hayas pasado aquel dolor tan grande y vuelvas a levantarte después del proceso de sanidad, evaluarás lo que aprendiste y podrás entender a otros que sufran lo mismo que tú y hacer de tu tragedia algo que dé fruto en la vida de otros. Cuando eso suceda, te darás cuenta de que ya has sanado.

Dios es un Dios de oportunidades, a él le gusta ponerle un nombre nuevo a todas las cosas (Apocalipsis 2:17). En este día, amiga, presta atención y escucha el dulce susurro de Dios que te pone un nombre nuevo. Si en tu pasado sufriste abandono, escucha su voz poniéndote el nombre de «aceptada»; si te faltó un padre, escúchalo cuando te llama «hija»; si los pecados te acusan, escúchalo cuanto te declara «perdonada». No sé cuál haya sido la parte de tu pasado que quisieras borrar, pero tómate un tiempo para escuchar la tierna voz de Dios que te consuela y te dice: «Mi deleite está en ti. Estoy muy complacido contigo y te amo».

ENTRÉGALE HOY TU PASADO A DIOS Y DEJA QUE LO TRANSFORME, ÉL ES ESPECIALISTA EN TOMAR TODO FRACASO Y ENCAUZARLO PARA BIEN

Entrégale hoy tu pasado a Dios y deja que lo transforme, él es especialista en tomar todo fracaso y encauzarlo para bien. Quizás el dolor más grande de tu pasado sea la mayor ventaja de tu futuro.

> *«Las naciones verán tu justicia, y todos los reyes tu gloria; recibirás un nombre nuevo, que el Señor mismo te dará. Serás en la mano del Señor como una corona esplendorosa, ¡como una diadema real en la palma de tu Dios! Ya no te llamarán "Abandonada", ni a tu tierra la llamarán "Desolada", sino que serás llamada "Mi deleite"; tu tierra se llamará "Mi esposa"; porque el Señor se deleitará en ti»* (Isaías 62:2-4, NVI)

¿CÓMO SE RELACIONA ESTO CONMIGO?

- ¿Puede que estés aferrándote a situaciones, recuerdos o vivencias que te tocaron atravesar y que están deteniendo tu crecimiento y desarrollo en Dios?
- ¿Puede que ese jean viejo represente resentimientos guardados contra alguna persona en particular?
- ¿Qué peso podrías soltar para alivianar tu caminar en esta época de tu vida?
- ¿Qué prendas de ropa necesitas quitar para darle lugar a lo nuevo?
- ¿A quién necesitas perdonar? ¿Qué pasos te atreves a dar para otorgarle el perdón y vivir en libertad?

«*Su Padre celestial los perdonará si perdonan a los que les hacen mal; pero si se niegan a perdonarlos, su Padre no los perdonará a ustedes*» (Mateo 6:14-15).

Pide a tu Padre Dios que te ayude en este proceso de otorgar el perdón. Si fuera necesario, pídele a tu líder que te ayude a orar por esta situación. El perdón es un proceso que lleva tiempo pero que comienza con una decisión. A medida que experimentes la sanidad de Dios descubrirás una relación más estrecha con Él y podrás escucharlo con mayor claridad. En el espacio a continuación escribe los nombres nuevos que Dios te da:

IDEAS

Si utilizan algún grupo de Facebook o de WhatsApp envíales versículos para animarlas diariamente. También puedes motivarlas a que compartan allí testimonios sobre los nombres nuevos que Dios está poniéndoles en este hermoso proceso de libertad y sanidad interior.

LECCIÓN 3

UNDERWEAR

Ropa interior. Representa nuestra vida íntima, las luchas internas, lo que nadie más ve, el mundo de nuestros pensamientos y el pecado que tendemos a ocultar

ACTÍVATE

Ya sea antes o después de la lección, hagan un desfile de los looks que le tocó representar a cada una de tus chicas de la actividad de la semana pasada. ¡No te olvides de tomar fotos!

AL PUNTO

Hay tremendo poder cuando exponemos delante de Dios lo que ha estado oculto. Mientras algo está escondido y nadie más lo sabe, eso nos acusa, agobia y destruye; sin embargo, cuando confesamos y exponemos lo que intentaba gobernarnos, pierde la autoridad sobre nosotras.

TEXTO PRINCIPAL

«Señor, tú me has examinado el corazón y me conoces muy bien. Sabes si me siento o me levanto. Cuando estoy lejos, conoces cada uno de mis pensamientos. Trazas la

senda delante de mí, y me dices dónde debo descansar. Cada momento sabes dónde estoy» (Salmos 139:1-3)

NOTA PARA LA LÍDER

Aquí puedes hacer algo muy gracioso que seguramente tus chicas no olvidarán fácilmente. Lleva al grupo varios estilos diferentes de ropa interior femenina: unos bien audaces, otros bien comunes y algunos súper antiguos. Puedes mostrárselos y decirles algo así como «No sé cuál sea tu estilo de ropa interior, si este, este o este (y vas mostrándoselos), pero hoy vamos a enfocarnos en tu mundo interior y en las profundidades de tu ser, en esos recovecos que nadie más conoce, solo tú y Dios».

Tomen fotos, pásenlo bien y ríanse un poco para distenderse antes de abordar este tema que, casualmente, es uno de los más serios que he incluido en estas lecciones para chicas.

DESARROLLO DE LA LECCIÓN

¿Recuerdas cuando eras chica cómo te gustaba disfrazarte y ponerte máscaras? Soñábamos con ser otras personas, tener una profesión en particular o hasta ser alguna heroína con superpoderes. Disfrazarnos y pretender ser alguien más cuando somos niñas es liberador, pero llevar este juego a la adultez es peligroso y puede matar nuestra alma, porque las máscaras nos sofocan y nos asfixian.

Cuando la gente te pregunta cómo estás, ¿sueles responder «todo bien» cuando en realidad estás desmoronándote por dentro? ¿Has fingido que todo estaba perfecto cuando te agobiaba el peso de la vergüenza por lo que estabas viviendo? ¿Te ha pasado de estar en alguna fiesta o tomando un café con tus amigas, escuchando sus diálogos a lo lejos y pensando algo como «Si en realidad supieran que no tengo más ganas de vivir»? Hasta nos ha costado pedir oración porque «¿Qué van a pensar si saben que estoy en una profunda depresión o lidiando con el pecado?».

Leamos 2 Samuel 11. Seguramente ya conoces esta historia, pero cuando la leamos juntas no queremos enfocarnos en el pecado de David sino en todos los pasos y decisiones que tomó para ocultarlo y para asegurarse de que nadie supiera lo que verdaderamente estaba pasando en su vida.

DIALOGUEMOS:

1. ¿Qué cosas hizo David para encubrir su pecado?
2. ¿Qué cosas has hecho tú para que nadie se dé cuenta de cómo está tu interior?

David utilizó máscaras y disfraces para ocultar el estado de su corazón. El líder de Israel debía ser un guía político y espiritual, pero le falló a su pueblo y a su Dios; solo al ser confrontado por el profeta Natán (1 Samuel 12) es que recapacita, es disciplinado y lavado por el perdón de Dios. Tiempo después hace la siguiente confesión en Salmos 32:3-4, la cual queremos leer en estas dos versiones de la Biblia:

> *«Mientras callé, se envejecieron mis huesos en mi gemir todo el día. Porque de día y de noche se agravó sobre mí tu mano; se volvió mi verdor en sequedades de verano»* (RVR 1960)
>
> *«Hubo un tiempo en que yo rehusaba reconocer lo pecador que era. Pero era yo débil y miserable y gemía todo el día. Día y noche su mano pesaba sobre mí. Mi fuerza se evaporaba como agua en día de sol»* (NVB)

HAY TREMENDO PODER CUANDO EXPONEMOS DELANTE DE DIOS LO QUE HA ESTADO OCULTO

Hay tremendo poder cuando exponemos delante de Dios lo que ha estado oculto. Mientras algo está escondido y nadie más lo sabe, eso nos acusa, agobia y destruye; sin embargo, cuando confesamos y exponemos lo que intentaba gobernarnos, pierde la autoridad sobre nosotras.

Si en algún momento sientes la necesidad imperiosa de hablar de algún asunto privado actual o del pasado que te haya tocado o que esté tocándote enfrentar, mi consejo es que busques a la persona correcta para comentarle algo tan valioso sobre tu vida; piensa en una mujer madura, fiel y confiable que pueda escucharte y aconsejarte y te ayude a orar sobre lo que te preocupa.

Dios, tu Creador, es el único que tiene acceso y permiso absoluto para conocer tu intimidad; es más, no podemos esconder nada de él. Su amor incondicional, su comprensión y su consuelo llenan todas nuestras expectativas y sanan milagrosamente nuestro interior. ¡No hay nadie más confiable que nuestro Dios!

EL MUNDO DE TUS PENSAMIENTOS

En la Biblia encontramos un versículo que describe cómo deben ser nuestros pensamientos: *«Consideren bien todo lo verdadero, todo lo respetable, todo lo justo, todo lo puro, todo lo amable, todo lo digno de admiración, en fin, todo lo que sea excelente o merezca elogio»* (Filipenses 4:8).

SI PERMITES QUE ENTRE BASURA A TU MENTE, SOLO PODRÁ SALIR BASURA DE TU BOCA Y A TRAVÉS DE TUS ACCIONES

¿Recuerdas esa frase que dice «Basura entra, basura sale»? Si permites que entre basura a tu mente, solo podrá salir basura de tu boca y a través de tus acciones. Dios conoce todos tus pensamientos y no hay manera de que, por vergonzosos que sean, puedas esconderlos de él.

Si has estado luchando con pensamientos de derrota, pecado, culpabilidad, lujuria o muchas cosas más que buscan destruirte y avergonzarte, por favor pídele ayuda a alguien de tu confianza para que pueda orar contigo y empieza a llevar a cabo acciones que te saquen de ese lugar. Intenta reemplazar esos malos pensamientos por otros buenos. ¿Cómo? Dios nos dice que podemos limpiar nuestro camino y nuestra mente leyendo la Biblia. Intenta hacerte el hábito de comenzar tus mañanas meditando en un versículo de la Palabra de Dios, para que durante el resto del día recuerdes las cosas buenas y las promesas preciosas que Dios te hace en la Biblia; eso te sostendrá a lo largo de tus tareas, estudio, trabajo y demás actividades.

Te invito a que busques en la Biblia estos cinco versículos en los que Dios habla de ti. Escríbelos y pégalos en un lugar visible para releerlos cuando lo necesites.

Jeremías 29:11

Isaías 26:3

Salmo 27:1

Salmo 34:7

Isaías 45:2-3

¿CÓMO SE RELACIONA ESTO CONMIGO?

Tu vida íntima, lo que nadie ve, tus diálogos internos y el mundo de tus pensamientos, un combo que está bajo la superficie y nos encanta tapar y ocultar para que la apariencia siempre esté intacta y perfecta. El mayor desafío es rendir esta parte esencial de nuestras vidas a Dios y poder ser revestidas de su pureza y santidad desde adentro para que se refleje hacia fuera.

EN EL TIEMPO DE QUIETUD ESCUCHAMOS MUCHO MÁS CLARAMENTE EL SENTIR DE DIOS CON RESPECTO A NUESTRA VIDA

Todas nosotras tenemos que lidiar con nuestro verdadero yo o nuestra «identidad secreta», esos pensamientos más profundos y aquello que puede llegar a salir de nuestro corazón y subir a nuestra mente cuando nadie nos ve. Y no te sientas mal por esto; es lógico que todas nosotras (y los chicos también, obviamente) convivamos con lo más íntimo de nuestro ser. No obstante, si eres como yo, es posible que a menudo hasta te asustes de ciertos pensamientos que pasan por tu mente. ¿No te sucede que después de tener unas ideas locas que ni parecen ser tuyas piensas: «¡Qué desilusión! No sé de dónde salió eso»? A mí sí. Me pasa todo el tiempo. Espero no desilusionarte con tal confesión, pero es la verdad. Muy a menudo necesito rendirle a Dios esa parte esencial aunque invisible de mi vida: el mundo de mi mente.

Muy seguido me veo arrepintiéndome de motivaciones incorrectas, de deseos que no son los más santos, de intenciones llenas de egoísmo que no traen gloria a Dios. En nuestro interior yace esa naturaleza de pecado que lucha para hacernos pensar, decir y hacer lo incorrecto, y encima después al recordárnoslo nos llena de culpa y vergüenza. Es imprescindible rendir a Dios el territorio de tu mente, ya que una mente pura en su Palabra recibe inspiración divina, excelentes ideas del cielo y la capacidad de innovar y concretar los sueños de Dios para tu generación.

Las ocupaciones, el trabajo, el estudio, las actividades y rutinas diarias nos saturan tanto que no nos dejan analizar lo que en realidad tiene lugar en nuestro interior, y por eso creo que es vital que cada cierto tiempo tengamos unos momentos a solas en los cuales podamos meditar y analizar las fuerzas que se mueven detrás de nuestro comportamiento y el mundo de nuestros pensamientos.

Por eso esta semana queremos ejercitar la *quietud*. ¡Sí, leíste bien! Vas a sorprenderte de cuántas cosas descubres en medio de la quietud. Cuando estamos quietas Dios puede hablarnos, pero esto no quiere decir que en otros momentos no lo haga: él siempre está hablándonos, pero nuestros afanes no nos dejan oír su voz. En el tiempo de quietud escuchamos mucho más claramente el sentir de Dios con respecto a nuestra vida.

Te invito a que medites durante unos días sobre lo anterior y te abras por completo a Dios con toda sinceridad. Lee diariamente Salmos 139:4-12 por toda una semana y deja que su amor inunde cada parte de tu ser más íntimo. No hay nadie más comprensible, amoroso y perdonador que nuestro Dios. ¡Disfrutemos de la libertad que él nos ofrece!

«Por tanto, para que sean borrados sus pecados, arrepiéntanse y vuélvanse a Dios, a fin de que vengan tiempos de descanso de parte del Señor» (Hechos 3:19)

LECCIÓN 4

PRINCESA TOTAL

{ *Una prenda rosa que representa la femineidad* }

ACTÍVATE

Pídele a cada una que comparta algo que le tocó vivir durante esta semana. Como líder, comienza tú contándoles algo curioso.

AL PUNTO

Femineidad + seguridad es un combo que nos recuerda nuestra identidad de hijas de Dios. Estudiemos sobre la importancia de la paternidad de Dios y la belleza interior que descubriremos a partir de esa revelación.

TEXTO PRINCIPAL

«Está revestida de fuerza y dignidad, y no le teme al futuro» (Proverbios 31:25)

NOTA PARA LA LÍDER

Puedes llevar para ilustrar esta lección una blusa rosa —o hasta una falda o tutú rosado— para tipificar una princesa, o mejor todavía si tienes un traje de princesas de Disney (color rosa) para ejemplificarlo de manera bien gráfica y que quede grabado en tus chicas.

DESARROLLO DE LA LECCIÓN

¡A ellos les encantan femeninas! Querida amiga, Dios nos hizo especialmente hermosas y delicadas, y aunque a veces durante nuestra juventud o adolescencia tendamos a comportarnos medio «salvajes», debemos reconocer que una característica que a los chicos los vuelve locos es nuestra femineidad. Quizás provengas de un hogar en el que faltaron las muestras de afecto y la aceptación y que te cuesta un poco más demostrar dulzura y ternura a causa de las situaciones que has vivido, o por el contrario quizás sea tu temperamento sanguíneo y espontáneo el que te hace comportar de manera demasiado extrovertida. Ante todo, recuerda tener un balance y comportarte como una dama: esto va a hacer que los chicos te respeten y puedan admirarte aún más. Guarda la distancia con los muchachos y compórtate como es debido; no des lugar a empujones, malos tratos, golpes ni palabras groseras, que lejos de embellecerte te rebajan a un nivel inferior. Así como nosotras soñamos con la idea de un príncipe azul que viene a rescatarnos en un caballo blanco, los chicos también sueñan con una señorita tierna, delicada como el pétalo de una flor, de la que puedan estar orgullosos y lucirse cuando están con ella.

CONSIDERA SIEMPRE LA AMABILIDAD COMO UN PUNTO EN TU LISTA DE PRIORIDADES

Dios nos ha creado más delicadas —lo cual no implica que seamos más débiles— y siendo más delicadas se espera que el trato que recibamos sea mucho más cuidadoso (si todavía no tienes novio, estás muy a tiempo de considerar este aspecto en el chico de tus sueños). Rodéate de amigos que te valoren y respeten a fin de que sirvan como un parámetro para cuando llegue ese muchacho que se interesará en ti; te aseguro que tus mismos amigos serán capaces de medir qué tan amable y respetuoso es. Si durante el noviazgo este chico no puede tratarte con ternura y delicadeza, mucho menos lo hará cuando estén casados. Considera siempre la amabilidad como un punto en tu lista de prioridades... ¡y eso va a ahorrarte unos cuantos dolores de cabeza en el futuro!

EL COLOR ROSA

Si entras a mi clóset muy difícilmente encuentres prendas de color rosa; el rosa no me gusta, no me queda bien, me parece un color insulso y sin gracia. Entiendo que acabo de romperte el corazón y desilusionarte, pero ese es mi caso personal. Aunque fuera furor en alguna época o el último grito de la moda, dudo que lo use y mucho menos que gaste dinero en comprarme alguna prenda rosa. Ni siquiera recuerdo (¡bendito Dios!) que durante mi infancia mi mamá se empeñara en vestirme pura y exclusivamente con este color como lo hacen muchas madres en la actualidad —tal vez sea por eso que jamás sentí apego ni deseos de incluirlo en mi paleta de colores—. Lo que sí recuerdo es que heredaba varias prendas de ropa de mi hermano Silvio, que obviamente eran de cualquier color menos rosado (pero ese es otro tema, ya te contaré cómo fui libre del resentimiento por usar la ropa holgada y gigante de mi hermano y cómo logré perdonar a mi madre, ¡ja, ja, ja!).

DIOS NOS HA CREADO MÁS DELICADAS, LO CUAL NO IMPLICA QUE SEAMOS MÁS DÉBILES

REDEFINIENDO LA BELLEZA

Hoy me gustaría que nos enfoquemos en un combo que me parece formidable y que cada chica debe tener en el clóset de su alma: *femineidad + seguridad*. Dios nos ha creado más delicadas, lo cual no implica que seamos más débiles.

Durante mis años de escuela secundaria y de universidad me encontré con que algunas de mis amigas poseían una característica que las hacía hermosas y especiales: una seguridad avasallante. Eran líderes natas, amaban a todo el mundo y todo el mundo las amaba a ellas; tenían muchos amigos y cada vez que terminabas de hablar con ellas salías más feliz, inspirada y orgullosa de ser su amiga. Podían escucharme y me brindaban una paz incomparable. Estoy hablándote de amigas contadas con los dedos de las manos pero que valían por mil. Rara vez usaban maquillaje y nunca estaban vestidas a la moda; no las encontrabas en la lista de las chicas populares de la escuela sino más bien entre las chicas «raras», pero sus miradas (ah, sus miradas) gritaban: «Estoy segura de mí misma, tengo confianza en quien soy». Esa seguridad les otorgaba una belleza inigualable y que pocas otras chicas de su edad poseían. Sus ojos no reflejaban la mirada de las modelos famosas que son portadas de revistas, pero por alguna razón yo anhelaba tener esa mirada y poder reflejar esa seguridad avasallante. ¿Cómo obtener esa mirada? ¿Cómo sumar a mis atuendos ese accesorio secreto de moda? Para poder sumar esto «nuevo» necesitaba hacer lugar en el clóset de mi alma, lo cual implicaba deshacerme de varias prendas viejas que solo ocupaban lugar y no me favorecían para nada. La seguridad tan anhelada no combinaba con los celos y las comparaciones ni con una pobre imagen de mí misma.

EN BUSCA DE LA SEGURIDAD

DIOS HA DISEÑADO EL AMOR DE UN PADRE TERRENAL COMO EL FUNDAMENTO ESENCIAL DEL CORAZÓN DE UNA HIJA

Dios ha diseñado el amor de un padre terrenal como el fundamento esencial del corazón de una hija, y por esa razón la paternidad es cosa seria, pero si los padres son una pieza clave para darle forma a la mujer en la que estamos convirtiéndonos, tenemos un grave problema: hay un montón de chicas ahí afuera que no tienen un padre, y desafortunadamente muchas otras tienen padres pero que no son buenos.

Tal vez nunca has conocido a tu padre biológico, quizás ya ha fallecido, se ha mudado, ha decidido abandonar a la familia o vive bajo tu mismo techo pero no sabe expresarte su cariño, y eso te duele intensamente. Puede que por estas razones luches con muchas inseguridades, o tal vez tu caso es el opuesto y tienes una excelente relación con tu padre biológico; para bien o para mal, los padres afectan profundamente las vidas de sus hijas. Las chicas recordamos los momentos especiales compartidos con nuestro papi... y también recordamos cuando no estuvo presente.

Veamos tres áreas súper importantes de nuestra vida que se ven afectadas tremendamente por nuestra relación con nuestros padres:

- *La opinión de nosotras mismas.* Los expertos dicen que una relación saludable con los padres mejora la imagen que las chicas tienen de sí mismas.

El amor de un padre define la femineidad de su hija, forma su carácter, afirma su identidad y le otorga valor.

- *La opinión de los demás.* Los padres afectan la manera en la que sus hijas se relacionan con los demás. Las hijas aprenden de sus padres la forma de relacionarse con los hombres: la confianza, la intimidad y las diferencias. Los padres también modelan ante sus hijas cómo debe ser la relación matrimonial, y las hijas de hogares fragmentados tienen un nivel más alto de desconfianza en quienes las rodean.

- *La opinión de Dios.* No es de sorprender que nuestra mirada de Dios esté altamente influenciada por la relación que tenemos con nuestro padre terrenal. La intención de Dios es que el amor y el cuidado de un padre reflejen su afecto, pero cuando la relación con nuestro padre terrenal está deteriorada el reflejo del amor de Dios se distorsiona y se hace pedazos.

El tener un buen padre contribuye enormemente a una visión saludable de nosotras mismas, de los demás y de Dios. Sin embargo, aunque tengamos al mejor padre del mundo y nos dé una cantidad exagerada de amor y de aliento, todavía lucharíamos con temores e inseguridades. Todavía estaríamos desconformes con algún aspecto personal: «si fuera más linda, más atlética, más inteligente, más extrovertida...», etc.

Realmente comenzamos a sentirnos seguras cuando nos enfocamos en nuestro Padre Dios que es perfecto, que nunca comete errores, que no hace diferencias entre sus hijos y que jamás va a abandonarnos.

La próxima vez que estés lidiando con la inseguridad, haz lo que dice Hebreos 12:2: *«Mantengamos fija la mirada en Jesús»*. Quita tus ojos de ti misma y ponlos en aquel que te ama y te ayuda a recordar que eres hermosa, su hija amada, su princesa.

CONCLUSIÓN

Tomen un tiempo para orar juntas y pedirle a Dios que se revele a cada una como el Padre amado y perfecto. Si es necesario, den lugar a sanidad interior y que el Señor ministre en profundidad a sus corazones.

En la Biblia tenemos el ejemplo de dos chicas ejemplares: Ester y Rut. Tomaremos la siguiente semana para leer sus historias y reflexionar sobre las cualidades que las hicieron especiales. Aquí te dejo un espacio para que anotes las características que descubriste en Ester y Rut y que te gustaría desarrollar en tu propia vida.

ESTER

RUT

LECCIÓN 5

LBD («THE LITTLE BLACK DRESS»)

LBD: Acrónimo del inglés *little black dress*; se trata de un vestido negro corto y de líneas básicas, imprescindible en cualquier guardarropa y adecuado principalmente para ocasiones especiales. Un clásico que nunca pasa de moda. Concepto originariamente francés: la PRN o «la petite robe noire»

ACTÍVATE

Hoy dediquen unos 5 o 10 minutos para tomarse fotos locas, individuales, de a dos, todo el grupo, con Boomerang o efectos especiales, y súbanlas al WhatsApp grupal durante la semana. Utilicen un *hashtag* creativo que pueda identificar a su grupo de chicas en las redes y úsenlo recurrentemente para que al paso de las 10 clases puedan quedar registrados los momentos que vivieron juntas en este recorrido espiritual. ¡Y porfa, no se olviden de etiquetarme con @carinavalerga porque quiero verlas!

AL PUNTO

Nuestra decisión por Dios hoy resulta fundamental para el éxito de mañana. Las convicciones constituyen el fundamento de nuestras decisiones.

TEXTO PRINCIPAL

«Pero si les parece mal servir al Señor, escojan hoy a quién van a servir [...] Pero yo y los de mi casa serviremos al Señor» (Josué 24:15)

NOTA PARA LA LÍDER

En esta lección, el vestido corto negro representa nuestras convicciones, lo clásico y lo cual nunca pasa de moda. Imagínatelo de esta manera: cuando tienes una celebración u ocasión súper especial y no sabes qué ponerte, el consejo de los fashionistas (gente que vive al son de la moda y lo relata en sus blogs) es ir a lo seguro, lo clásico y lo que está siempre vigente, un atuendo que definitivamente te dejará bien parada y sin la necesidad de correr riesgos innecesarios. Eso es un vestido negro corto y elegante, perfecto para ocasiones memorables.

DESARROLLO DE LA LECCIÓN

Según la Real Academia Española de la Lengua, las *convicciones* son ideas religiosas, éticas o políticas a las que una persona está fuertemente adherida. Me gusta representarlas de esta manera: ellas son el fundamento que sustenta nuestro comportamiento y justifica nuestras acciones.

Tus creencias y convicciones, querida amiga, son determinantes para marcar el curso de tu vida. Todo lo que te rodea se verá influido, directa o indirectamente, por la línea de valores provenientes de tus convicciones, y por eso es muy importante que más allá de lo que tus padres o tutores te hayan inculcado al crecer y durante el desarrollo de tu vida tomes tu propia decisión tocante a este punto.

Decide sabiamente; no te dejes presionar o manipular por gente de la que no estés segura que quiere tu beneficio. Decide por Dios. Debido a que él es nuestro creador, no hay nadie más confiable a quien encomendarle tus días, tu tiempo, tu vida y tus fuerzas.

LAS CONVICCIONES SON EL FUNDAMENTO QUE SUSTENTA NUESTRO COMPORTAMIENTO Y JUSTIFICA NUESTRAS ACCIONES

Mis convicciones son una parte esencial de mi propio mundo de chica. Si algo les agradezco a mis padres —más allá de sus aciertos y errores— es que me criaran según los principios de la Palabra de Dios. Ese amor precioso e incondicional que pude experimentar desde pequeña de parte de un Dios tierno, paternal y compasivo creó en mí una fuerza interna y una seguridad determinantes para llegar a ser quien soy hoy. Honrar a Dios con mi vida, mis acciones y decisiones también me llevó a escoger de manera sabia mis amistades y asociarme con la gente correcta.

Tu decisión por Dios hoy resulta fundamental para tu éxito de mañana. Consultarle a él, que fue quien te creó y planeó en su corazón cosas grandes para ti, es tu mejor inversión; leer su carta de amor para ti, la Biblia, te dará sentido y dirección para llevarte a un destino increíble.

Si nunca tomaste la decisión personal de seguir a Cristo, ese es el puntapié inicial para este camino maravilloso. Si quieres hacerlo ahora mismo, simplemente dile con tu propia voz y todo tu corazón estas palabras a Jesús: «Querido Jesús, hoy decido aceptarte en mi corazón. Por favor, perdona mis pecados y ven a vivir en mí. Guíame hacia los lugares que has soñado para mí y ayúdame en esta nueva vida. Llena mis días de alegría y de tu amor incondicional. Amén».

¡TUS CONVICCIONES TE DAN DIRECCIÓN!

Imagínate que hoy te dijeran «Prepara las maletas que nos vamos para Hawái»: después de hacer un alboroto y pegar un grito de alegría, ¿qué ropa y artículos pondrías en tu equipaje?

Te ayudo: traje de baño, chancletas, bronceador, lentes de sol, un sombrero, ropa fresca y liviana y seguramente mil cosas más, ya que a las mujeres nos encanta llevar cuatro o cinco maletas llenas de cosas «indispensables» aunque se trate de un viaje de un fin de semana. ¡Ah! Y que no se te olvide el vestido corto negro

TU DECISIÓN POR DIOS HOY RESULTA FUNDAMENTAL PARA TU ÉXITO DE MAÑANA

para alguna cena especial porque es súper *chic* (término francés que se refiere a lo refinado y/o sofisticado).

Imagina también que tu mejor amiga tuviera un viaje planeado para la misma fecha que el tuyo pero con destino al Polo Norte. ¿Ya pensaste más o menos el tipo de ropa y las cosas que llevaría en su maleta? Algo así como la chaqueta más abrigada que encontró, pares y pares de calcetines calentitos, guantes, bufandas, suéteres... En fin, todo lo necesario para enfrentarse con un frío atroz. Ahora supongamos que en la emoción de la despedida se confundieron de maletas y tú te llevas su maleta para Hawái y ella la tuya para el Polo Norte. Tremendo problema, ¿verdad?

Así de importante es saber hacia dónde te diriges en tu vida, querida amiga, a fin de llevarte todo lo necesario. Necesitas planear y organizar tu trayecto de forma intencional para asegurarte que mientras te diriges hacia tu destino cuentas con todo lo necesario: estudios que te ayuden a cumplir el llamado de Dios, amigos que cooperen con ese llamado, relaciones de influencia que te acerquen al lugar de destino, y por sobre todas las cosas... ¡un compañero de viaje que vaya para el mismo rumbo!

Una vez que has decidido vivir para Dios y tienes clara la línea de tus convicciones, ahora el desafío es que recuerdes que ellas son innegociables. ¿Y qué te parece si hablamos de noviazgo y de ese compañero de viaje? Tus creencias y convicciones deben ser tan firmes y profundas que no se negocien por un par de ojos claros, unos músculos bien formados o una voz seductora. ¿Van tu chico y tú hacia la misma dirección? ¿Tienen principios de vida en común? Por favor, ¡no te apresures a correr a los brazos equivocados!

¡LAS CHICAS Y EL AMOR!

Si eres como yo, probablemente sueñes y te ilusiones con ese príncipe azul que todavía no llega; aunque el mío ya llegó, yo era de esas chicas que vivía enamorada de algún muchacho, hasta que me daba cuenta de que eran puras ilusiones ¡y no pasaba nada!

Los estudios indican que cuando hay una relación cercana entre padres e hijos por un tiempo prolongado, eso reduce los riesgos de que los jóvenes corran a tener relaciones sexuales. Cuando en nuestra casa no hemos tenido el ejemplo de una relación amorosa entre nuestros padres tendemos a buscar una imitación barata para cubrir esa falta de amor, pero esos noviazgos o experiencias sexuales apresuradas nos causan mucho más dolor.

EL AMOR SE APRENDE DE LOS MODELOS QUE VEMOS

El amor se aprende de los modelos que vemos, e indudablemente, los que más nos influyen son nuestros padres, pero ¿qué pasa cuando no hemos tenido modelos correctos? ¿Qué pasa con la mayoría de los jóvenes de hoy que vienen de familias fragmentadas y no tuvieron la experiencia de vivir en un hogar feliz, donde el matrimonio era honrado? Muy pocos provienen de un *hogar, dulce hogar*; como lo mencionamos anteriormente, muchas de nosotras no hemos tenido esa imagen paterna que admirar, ese modelo fuerte pero amoroso que sabe poner límites para proteger pero que también sabe expresar afecto y amor. De esa carencia se derivan tantos otros problemas emocionales. Los chicos están buscando algo que satisfaga su necesidad de amor, aceptación, aprobación, afirmación e intimidad, y cuando no encuentran eso en la casa, iglesia y escuela intensifican su búsqueda en otras áreas que no son tan saludables —como el sexo—, pero nada satisface como buscar en el lugar correcto.

¿Alguna vez viste a una pareja y te preguntaste cómo hizo ese tipo para estar con esa chica tan linda? La respuesta es muy sencilla: la hizo sentir amada y le habló palabras de afirmación que en la casa nunca le habían dicho, llenó ese vacío que por años la lastimó y ella se aferró a él con uñas y dientes para suplir su carencia afectiva. Quizás ni siquiera son el uno para el otro, pero las chicas caemos muy fácilmente ante las promesas de los chicos y ellos tienen una habilidad muy especial para endulzarnos los oídos.

Por eso, es imprescindible que antes de ponernos de novios nos relacionemos íntimamente con Dios, ya que él es quien puede llenar ese vacío emocional, sanar las heridas del pasado, borrar los momentos dolorosos y ocupar el lugar de Padre amoroso que te sostiene, te escucha y guía hacia un puerto seguro. *«Si mi padre y mi madre me abandonaran, tú me recibirías y me consolarías»* (Salmos 27:10).

Ninguna relación construida sobre emociones heridas puede prosperar. El consejo es que antes de entablar alguna relación con alguien pases tiempo con Dios y le

NINGUNA RELACIÓN CONSTRUIDA SOBRE EMOCIONES HERIDAS PUEDE PROSPERAR

permitas sanar tu corazón; de esta manera, estarás preparándote para bendecir a quien será tu futuro compañero y no llegarás con situaciones sin resolver a esta nueva relación. Corre a los brazos de tu Padre, recibe su aceptación y amor gratuitamente y no te apures a correr a los brazos de cualquier muchacho.

Las chicas soñamos con encontrar en un chico el verdadero amor, pero cuando nos rendimos totalmente a Dios descubrimos un amor real y supremo porque Dios *es* amor; su esencia y su naturaleza son el amor. Leamos juntas: *«¡Cuán precioso es tu constante amor, Dios! Toda la humanidad se refugia a la sombra de tus alas»* (Salmos 36:7).

¿CÓMO SE RELACIONA ESTO CONMIGO?

- ¿Te has visto tentada a comenzar una relación con un chico por el solo hecho de la presión social?
- ¿Te ha costado aceptar y disfrutar la etapa de la soltería? ¿Lidias con la soledad?
- ¿Has llegado a dudar alguna vez de que Dios pueda usarte si no estás en pareja?
- ¿Temes iniciar una nueva relación sentimental por algún fracaso del pasado?
- ¿Estamos completas o necesitamos tener novio para estarlo?
- Lee 1 Juan 4:8-10 y dialoguemos.

NOTA PARA LA LÍDER

Tómate un tiempo para escucharlas, dejarlas hablar sobre este tema y meditar en algunas vivencias (dolorosas o no) que hayan tenido por las que sientan la necesidad de compartir en este ámbito seguro del grupo pequeño. Luego conduce la conversación a los párrafos siguientes.

CUANDO DIOS TE CREÓ PUSO EN TU INTERIOR TODO LO QUE NECESITABAS PARA CUMPLIR CON SUS PLANES EN LA TIERRA

Hay una tendencia generalizada a pensar que en el momento en que encontramos a un chico para comenzar un noviazgo formal allí podemos sentirnos completas, y sin embargo, cuando esperamos que la otra persona llene nuestro vacío nos autoengañamos. Esta situación solo pone en evidencia una tremenda necesidad interior producto de carencias afectivas, o que simplemente quizás estemos lidiando con la soledad.

No pienses que la otra persona va a suplir tus carencias, más bien entra a la relación sabiendo que tienes mucho para dar. Cuando Dios te creó puso en tu interior todo lo que necesitabas para cumplir con sus planes en la tierra; Dios no hace las cosas a medias, por lo tanto ya tienes la forma perfecta para hacer su voluntad. Si en un futuro encuentras a un chico y forman una familia juntos, él será un complemento para que seas mejor todavía.

Muchas de nosotras en nuestra juventud iniciamos una relación porque sentimos carencias en algunas áreas de nuestra vida, y el problema es que este tipo de vínculo relacional casi siempre termina mal. Cuando estamos lidiando con inseguridades y temores corremos el riesgo de entrar en una dependencia del otro. ¿Qué pasa cuando sientes que pierdes a quien «te completa» y entonces tienes relaciones sexuales solo para que no te deje? Muchas chicas caen en la trampa del sexo simplemente para asegurarse de que este chico no las abandonará, y la relación se vuelve enfermiza y degradante.

Y hablando de nuestra responsabilidad como chicas, muchas veces por sentirnos solas, porque ya nuestras amigas están de novias o por la presión de la sociedad tendemos a «jugar» con las emociones de nuestros amigos: coqueteamos, los ilusionamos, les damos ciertas esperanzas, y cuando las cosas van más en serio nos echamos atrás y los dejamos heridos. Cuida de tus amigos y el tesoro de una larga amistad; conozco chicas que han lastimado a preciosos chicos que amaban a Dios solo por pretender tener novio o no estar solas. No hagas a los demás lo que no quieres que te hagan a ti. Hay muchachos hermosos que intentan agradar a Dios con todas sus fuerzas; no seamos de tropiezo.

Antes de empezar una relación, asegúrate de que estás tan llena de Dios y rebalsando de su amor que tienes mucho para darle a la otra persona, tal como Dios nos amó y dio lo más valioso que tenía (Juan 3:16). En síntesis, no necesitas a alguien más para estar completa y plena: tu relación con Dios te da esa plenitud y felicidad.

LECCIÓN 6

LA CAMISA BLANCA

Símbolo de pureza, inocencia y una santidad que siempre resulta atractiva

ACTÍVATE

Antes de que lleguen las chicas escribe tus citas bíblicas favoritas y pégalas debajo de cada silla; cuando tú se lo indiques deberán mirar debajo de la silla, buscar el versículo en su biblia o *app* y leerlo en voz alta. ¿Algunas ideas de versículos? Proverbios 27:9; Isaías 55:9; Job 22:28; Salmos 37:23-24; 1 Pedro 5:7; Salmos 27:3; Gálatas 6:9; Salmos 71:18; Jeremías 31:3; Isaías 42:6.

AL PUNTO

Nuestro amor profundo por Jesús nos conduce a vivir vidas puras que le agradan. El Espíritu Santo que habita en nosotras nos da el poder para vivir en santidad y decidir correctamente.

TEXTO PRINCIPAL

«¿Quién puede subir al monte del Señor? ¿Quién puede estar en su lugar santo? Solamente el de manos inocentes y corazón puro [...]» (Salmos 24:3-4a)

NOTA PARA LA LÍDER

Otra prenda básica para mujer que no puede faltarte y es infalible es la camisa blanca, ya sea de seda —para darle más formalidad— o de algodón o lino, ideales para el día. Es recomendable que sea holgada, lo que te permitirá darle mucha funcionalidad en distintos outfits.

DESARROLLO DE LA LECCIÓN

Amiga, me encantaría poder creer que en cada una de nosotras hay una inocencia eterna que trasciende el paso del tiempo, una transparencia, una integridad y una pureza que se encuentran tan arraigadas a nuestro sistema de valores que nos conducen a un fuerte compromiso con nosotras mismas, con nuestro chico y con Dios.

Intimidad, caricias, sexo... ¿Qué ganas con esperar? ¿Qué ganan tanto tu chico como tú al esperar?

Déjame incluir aquí un escrito de Josh McDowell que te traerá claridad en cuanto a este tema:

> *Nuestros jóvenes necesitan saber que hay emociones sexuales que superan el impulso de tener gratificación instantánea. Compara estas dos historias:*
>
> *Él pasa a buscarla en el auto de su madre, se dirigen a un lugar oscuro y tienen sexo. Se quedan paralizados cada vez que los focos de algún auto los alumbran. Una emoción rápida, que pronto se termina. Más tarde, se va cada uno a su casa. Él está bastante seguro de que ella tomó alguna píldora o algo, pero no está totalmente tranquilo; ahora espera que ella no comience a llamarlo todo el tiempo. La chica está en su casa tratando de probarse a sí misma que el sexo casual está bien; se siente sola e insegura sobre esta relación. Ella espera que él no haya tenido sexo con ninguna mujer de mala vida últimamente. Se pregunta si debería llamarlo.*
>
> *Tienen toda la casa para ellos. Ha sido su hogar desde que se casaron hace dos años. Él ayuda a su esposa a lavar los platos mientras ambos se dirigen sonrisas pícaras de anticipación. Hay mucho juego, toques y besos. Los dos saben cómo va a terminar la noche, pero mientras, disfrutan de cada minuto. Más tarde, en una habitación alumbrada por una sola vela, redescubren la emoción que parece ser mejor cada vez. Al terminar, ambos disfrutan el*

solo hecho de estar cerca y susurrarse palabras dulces y amorosas el uno al otro. Al levantarse por la mañana aún seguirán juntos; no hay nada que esconder, nada que temer, nada que cambiar. Y será así por el resto de sus vidas.

¿Cuál de las dos es la mejor y más duradera emoción? ¿Por cuál vale la pena esperar y cuál debemos anhelar? Sin duda el sexo es una emoción, pero debe haber total confianza, total compromiso y total aceptación, y esas actitudes son solo posibles en el matrimonio. Vale la pena esperar.

Tal vez esperar hasta el matrimonio para tener relaciones sexuales no sea la norma hoy en día, sin embargo, ¿por qué conformarse simplemente con algo tan pequeño como seguir la norma?

DESARROLLA UN SENTIDO DE INTEGRIDAD, RESPETO POR TI MISMA Y DIGNIDAD QUE TE LLEVEN A MARCAR UNA DIFERENCIA

Asegúrate de que te respetas lo suficiente a ti misma como para no conformarte con ser un número más de una estadística de promiscuidad. Desarrolla un sentido de integridad, respeto por ti misma y dignidad que te lleven a marcar una diferencia. Ojalá que tu chico y tú no se dejen influenciar tan fácilmente por la cultura sino que tengan principios superiores y no claudiquen; atrévanse a vivir con un espíritu superior como el de Daniel, quien a una temprana edad eligió no contaminarse con la comida del rey, decidiendo que no sería igual al resto y afirmando su decisión con acciones concretas que pronto hicieron que los demás lo vieran como alguien diferente.

Cuando tienes intimidad con un chico fuera de los límites establecidos por Dios te unes a él no solo físicamente sino que también tu mente y tu espíritu están involucrados en el acto. Muchos de los que se casan habiendo tenido antes relaciones con otras personas mantienen vínculos y recuerdos emocionales y espirituales que los ligan a esas personas que formaron parte de sus experiencias en el pasado.

Las relaciones sexuales antes del matrimonio disminuyen con el tiempo la calidad e intensidad del amor en la vida matrimonial y familiar, ya que uno o ambos cónyuges tendrán siempre como recuerdo de *su primer amor* a otra persona, que no será precisamente el padre o la madre de sus propios hijos.

Quiero que sepas que sí es posible que las chicas y los chicos cristianos controlen el deseo sexual, vivan con pureza y no sientan conflictos. Leamos Romanos 6:13: *«No entreguen ninguna parte de su cuerpo al pecado para que se convierta en instrumento del mal. Más bien, entréguense por completo a Dios, como quienes ya han muerto y han vuelto a vivir. Y preséntenle sus miembros como instrumentos para la justicia»*.

Recordemos que todo lo que podamos hacer en lo externo no tiene el poder de cambiar nuestro interior, y por lo tanto es bueno tomar decisiones claras y precisas sobre cómo trataremos de vivir en pureza, pero más importante aún es permitir que Dios cambie nuestro corazón. Anhelemos que se produzca una transformación dentro de nuestro ser motivada por el deseo de agradar a Dios y como producto directo de Su gracia abundante en nosotros. Todo lo que tiene que ver con pecado y contaminación sexual no es un problema externo que está tratando de afectar nuestro corazón, en realidad es un problema de nuestro corazón que no ha sido transformado por Dios.

«En efecto, de adentro, del corazón humano, salen los malos pensamientos, la inmoralidad sexual, los robos, los asesinatos, los adulterios, la avaricia, la maldad, los engaños, la lascivia, la envidia, la maledicencia, la soberbia, la insensatez. Estas cosas malas salen de adentro y son las que contaminan a la persona» (Marcos 7:21-23).

Nuestro corazón es el asiento y el centro de nuestra identidad, la esencia de nuestro ser interior que se expresa hacia el exterior a través de acciones y palabras. Sabemos que solo Dios conoce exactamente lo que hay en nuestro corazón, y lo que otros conocen de nosotras es el resultado de las expresiones externas que reflejan nuestro interior; por tal razón es importante que, en lugar de tratar de obedecer religiosamente algunas reglas, seamos honestas acerca de lo que hay en nuestro corazón y de esta manera cerremos aquellas puertas que permiten el acceso de cualquier tipo de contaminación en nuestra vida sexual e íntima.

«En verdad, Dios ha manifestado a toda la humanidad su gracia, la cual trae salvación y nos enseña a rechazar la impiedad y las pasiones mundanas. Así podremos vivir en este mundo con justicia, piedad y dominio propio» (Tito 2:11-12, NVI).

¿CÓMO SE RELACIONA ESTO CONMIGO?

¿Tienen una relación de noviazgo y ya han transgredido los límites? *Declaren un nuevo comienzo.*

Si piensan que en su noviazgo ya han cedido demasiado y cometido muchos errores, no se desanimen y tomen la decisión de no continuar por el mismo camino que los ha llenado de frustración y culpabilidad. Lo hermoso del amor de Jesús es que él desea perdonarnos, restaurarnos y borrar nuestros pecados. Declaren juntos un nuevo comienzo y aférrense a la gracia de Dios para renovar el pacto de santidad que los llevará a una felicidad y plenitud supremas por haber cumplido con la voluntad de Dios. Vivir en santidad es difícil, ¡pero vale la pena!

LO HERMOSO DEL AMOR DE JESÚS ES QUE ÉL DESEA PERDONARNOS, RESTAURARNOS Y BORRAR NUESTROS PECADOS

El Espíritu de Dios nos habilita y nos da el poder para renunciar al pecado. Examinemos nuestro corazón y asegurémonos de que está limpio y de que los deseos que habiten en él sean puros, y por sobre todas las cosas confiemos en la gracia de Dios que nos capacita para vivir en justicia, piedad y dominio propio.

El pecado nunca ha sido negocio, menos para quien tienen un sueño. Cuando tú sabes hacia dónde te diriges no estás dispuesta a demorar tu destino. El ceder a esas tentaciones puede modificar tu futuro en forma negativa, y no estás dispuesta a cambiar un momento de placer por una vida de bendición y realización. El pasado ya pasó; quizás estés lidiando con las consecuencias de tus decisiones, pero eso no significa que ya no haya esperanza. La gracia de Dios se extiende para abrazarte (Salmos 100:5), sus brazos de amor están dispuestos a recibirte y el poder del Espíritu Santo te dará las fuerzas para renovar tu pacto de santidad.

A continuación, te comparto un pacto de santidad que a lo largo de los años Sergio y yo hemos tenido la dicha de extender a cientos de jóvenes que decidieron embarcarse en la preciosa aventura de la pureza.

Mi pacto de santidad

Yo, ______________________________ , decido en este día vivir en pureza sexual y abstenerme de mantener relaciones sexuales hasta el día del matrimonio. Deseo honrar a mi Creador, a mis padres y a la gente que tiene expectativas buenas en cuanto a mí. Deseo guardarme en abstinencia hasta el día de mi matrimonio y honrarme a mí misma, reconociendo que mi cuerpo es el templo del Espíritu Santo.

____

(Tu firma aquí)

«Sobre todas las cosas cuida tu corazón, porque de él brota la vida»
(Proverbios 4:23)

LECCIÓN 7

STILETTOS

Tacones de aguja tan incómodos como elegantes, pero tan femeninos y espectaculares que el dolor no es excusa (al menos hasta la medianoche)

ACTÍVATE

Escribe papelitos y mézclalos en una cajita. Cada una deberá tomar uno y hacer lo que le toque. ¿Algunas ideas? Puedes escribir: cuéntanos algo que hiciste ayer, algo que sabes hacer bastante bien, algo de tu niñez, algo que aprendiste el mes pasado, algo que te gusta ver o escuchar, algo sin lo cual no puedes vivir, la comida que menos te gusta, lo más vergonzoso que te haya pasado, etc.

AL PUNTO

En la lección de hoy queremos enfocarnos en el equilibrio emocional, tan necesario para nosotras las chicas, especialmente durante nuestra adolescencia y juventud.

TEXTO PRINCIPAL

«Nuestro sumo sacerdote entiende nuestras debilidades, porque él mismo experimentó nuestras tentaciones, si bien es cierto que nunca cometió pecado» (Hebreos 4:15)

NOTA PARA LA LÍDER

Puedes ponerte los tacos más altos que tengas y exageradamente demostrar lo dolorosos que son, lo incómodos que resultan y lo difícil que es mantener el equilibrio sobre ellos. Cuenta alguna anécdota referida a esas ocasiones especiales en las que «eliges» el sufrimiento y la agonía de usar tacones altos a cambio del glamour y elegancia que aportan a tu vestuario.

DESARROLLO DE LA LECCIÓN

Todas las chicas experimentamos una montaña rusa de emociones, las cuales muchas veces nos juegan una mala pasada. De por sí, como mujeres, somos sentimentales y muy emocionales, y creo que esas son características buenas que todas compartimos; el problema surge cuando nos mostramos tan extremadamente emocionales que dejamos que las circunstancias determinen nuestro estado de ánimo y no somos capaces de dominar nuestras reacciones y palabras, las que pueden herir a los demás.

UNA CONSECUENCIA DE NUESTRO CAMINAR CON DIOS TIENE QUE SER LA AUTODISCIPLINA

La Palabra de Dios nos dice que una de las cualidades que el Espíritu Santo de Dios produce en nosotras es el dominio propio, así que una consecuencia de nuestro caminar con Dios tiene que ser la *autodisciplina*, la cual produce un balance en nuestras emociones.

¡No le echemos la culpa a «esos días del mes» en los que las hormonas femeninas están particularmente revolucionadas! Amiga, el balance emocional solo puede venir como resultado de un proceso de sanidad del alma y —una vez más— la fuente de nuestra plenitud y restauración es el Creador.

¿Nunca te has enojado contigo misma por la forma en que reaccionas o te comportas con los demás? Yo sí. Hasta el día de hoy muchas veces me he sentido desilusionada por mis actitudes, palabras y reacciones; he aprendido que cuando noto que mis emociones están a flor de piel y me siento demasiado sensible hay algún problema interno que tengo que resolver.

Quizás tengo que perdonar a alguien.

Quizás hay heridas que olvidar.

Quizás debo rendirme una vez más y volver a depender de Dios.

Quizás necesito desahogarme con alguien de confianza, que pueda escucharme y me aconseje sabiamente.

Quizás simplemente preciso hablar con Dios e intentar escucharlo cuando me susurra la verdad.

Amiga, gozar de salud emocional no es una utopía. Conozco muchas chicas que han encontrado la paz verdadera y un balance interno a través de la meditación en la Palabra de Dios. Aun más: resulta indispensable que dediques tiempo a lograr tu plenitud emocional para que todas las demás relaciones (con tus padres, hermanos, amigos, pareja, hijos, etc.) se construyan sobre un cimiento bien fuerte.

¿NUNCA TE HAS ENOJADO CONTIGO MISMA POR LA FORMA EN QUE REACCIONAS O TE COMPORTAS CON LOS DEMÁS?

En la adolescencia las emociones se disparan y muchas veces nos hacen ver justamente como no queremos que los demás nos vean: demasiado impulsivas, enojonas, arrebatadas e impacientes, y lo único que logramos con ese comportamiento es advertirles a los demás que hay algo que no está bien en nosotros.

Vamos a la Biblia: *«Nuestro sumo sacerdote entiende nuestras debilidades, porque él mismo experimentó nuestras tentaciones, si bien es cierto que nunca cometió pecado»* (Hebreos 4:15). Según este versículo, Jesús vivió y sufrió cada sentimiento al igual que nosotros, y sin embargo lo hizo sin pecar. ¿Cómo es que evitó pecar? No cedió ante los sentimientos mal ubicados. Tenía conocimiento de lo que dice la Palabra de Dios respecto a enfrentar cada aspecto de la vida porque pasó años estudiándola antes de comenzar su ministerio.

Si alguien me hiere y me siento mal o enojada, mi mayor consuelo está en levantar mi rostro al cielo y decir: «Jesús, qué alegría me da que tú comprendas lo que estoy sintiendo en este mismo instante y que no me condenes por sentirme de esta manera. Señor, no quiero dar rienda suelta a mis emociones, ayúdame a sobreponerme a ellas y a perdonar a quienes me han hecho daño, a no despreciarlos, no evitarlos ni vengarme por el mal que me han hecho. Ayúdame a no vivir con sentimientos de culpa y condenación que me hacen pensar que no debería sentirme como me siento».

No se trata tan solo de pensar «No debería sentirme así», es cuestión de clamar a Dios y actuar según el fruto del Espíritu que se llama *templanza*, que quiere decir «dominio propio» (Gálatas 5:23).

¿SENTIMIENTOS O DECISIÓN?

Recuerda que los sentimientos forman parte del alma, la cual se dice que está compuesta por la mente, la voluntad y las emociones.

CUANDO NACEMOS DE NUEVO NO SE NOS PROHÍBE SENTIR SINO QUE DEBEMOS APRENDER A EXPRESAR ESOS SENTIMIENTOS COMO CORRESPONDE

Cuando nacemos de nuevo no se nos prohíbe pensar, sino que se nos dice que hay que aprender a pensar de una manera nueva; cuando nacemos de nuevo no se nos prohíbe tomar decisiones ni se nos empuja a dejar a un lado nuestros deseos, más bien se nos anima a rendirle a Dios nuestra voluntad y decidir a favor de actuar según sus deseos bajo la guía del Espíritu Santo.

Lo mismo sucede con las emociones: cuando nacemos de nuevo no se nos prohíbe sentir sino que debemos aprender a expresar esos sentimientos como corresponde.

Observemos el ejemplo de Jesús: *«Estaba tan angustiado, que se puso a orar con más intensidad, y su sudor caía a tierra como grandes gotas de sangre»* (Lucas 22:44). Jesús no sentía ganas de ir a la cruz pero se resistió a esos sentimientos y sujetó sus emociones a la voluntad del Padre; en el huerto de Getsemaní había en el alma de Jesús una pugna interna, donde se resistía a hacer lo que sentía en pos de llevar a cabo lo que sabía que era la voluntad de Dios para él.

No importa cuál sea tu edad ni las situaciones que te toque atravesar, habrá temporadas en las cuales estarás más sensible a las emociones que de costumbre.

Es allí donde debes tener cuidado porque posiblemente sientas que te hieren con mayor facilidad, y hasta la cosa más insignificante podrá hacerte explotar.

¿QUÉ PODEMOS HACER CUANDO NOS SENTIMOS ASÍ?

- No permitas que los sentimientos de culpa te condenen.
- No intentes gastar tus energías en tratar de comprender lo que te sucede.
- Sencillamente declara: «Hoy están poniéndose a prueba mis emociones, voy a confiar en Dios y aprender a dominarlas».

¿Cómo aprenderemos a controlar nuestras emociones a menos que Dios permita que pasemos momentos de prueba? Esos tiempos de prueba son tiempos de instrucción.

LA MANIACO-DEPRESIÓN

El término utilizado en la psicología para describir a la persona que va desde un extremo emocional al otro es *maniaco-depresiva*. Hubo un tiempo en el que el tratamiento médico de esta condición consistía en intentar sacar a los maniaco-depresivos de su estado depresivo, pero cuando vivían un estado en extremo optimista no recibían tratamiento alguno. Según artículos recientes, se ha descubierto que ahora también deben intentar menguar ese estado de exaltación emocional y los profesionales de la salud están descubriendo que la clave estriba en el equilibrio.

La mayoría de nosotras nunca tendrá que lidiar con esta condición, pero podemos aprender un principio de todo esto: no basta solo con resistir la depresión sino también ese estado de exaltación emocional extremo que nos deja exhaustos y nos hace presa fácil del diablo. Ninguna de nosotras puede vivir permanentemente en la cima de la montaña, ya que habrá días en que vamos a sentirnos mejor y en otros peor; las emociones son traicioneras, fluctúan a menudo y sin razón, y es por eso que debemos aprender cómo ejercer el dominio en ambos extremos.

Algo muy importante a la hora de mantener una salud emocional equilibrada es la honestidad contigo misma y con los demás. Las personas que nos conocen de cerca pueden darse cuenta cuando estamos luchando con las emociones. La reconocida autora Joyce Meyer comparte lo siguiente: «En los momentos en que siento

PROTEGER NUESTRA REPUTACIÓN ESPIRITUAL AL FINGIR QUE TODO ESTÁ BIEN SOLO PRODUCIRÁ DOLOR Y CONFUSIÓN EN QUIENES NOS RODEAN

que estoy sumiéndome en la ira, la depresión o alguna otra emoción negativa, le comento a mi familia: "Hoy las emociones están jugándome una mala pasada, así que si ven que me quedo callada, no me presten atención por un rato"».

Recordemos que lo que escondemos tiene poder sobre nosotras, pero cuando sacamos a la luz lo que está oculto inmediatamente pierde su influencia. Juan 8:32 nos enseña que la verdad nos hará libres y Santiago 5:16 nos alienta a confesar nuestras ofensas los unos a los otros para recibir sanidad y recobrar la paz espiritual en nuestra mente y nuestro corazón.

Proteger nuestra reputación espiritual al fingir que todo está bien solo producirá dolor y confusión en quienes nos rodean. Cuando nos sentimos mal emocionalmente tendemos a decir cosas de las que luego nos arrepentimos. Aquí la sinceridad y honestidad son claves: tenemos la responsabilidad ante nuestra familia y amigos de contarles lo que nos sucede en vez de perder tiempo dejando que tengan que adivinarlo. Todos te respetarán más si eres abierta y sin rodeos.

La clave es dejar de ser esclavas de las emociones y aprender a ejercer el dominio propio con la ayuda de nuestro Padre Dios para poder gozar de estabilidad emocional. Bajémonos de los *stilettos* incómodos y volvamos al equilibrio que podemos disfrutar con la ayuda del Espíritu Santo en nuestras vidas.

¿CÓMO SE RELACIONA ESTO CONMIGO?

Si estás atravesando una crisis emocional o últimamente has notado una hipersensibilidad en ti, tómalo como algo muy serio. Sería bueno que dediques unos días a meditar, orar a Dios y hasta pedirle consejo a alguien de confianza que consideres que puede ayudarte a encontrar la paz interior.

Te dejo este espacio a continuación para que escribas en pocas palabras tu testimonio sobre cómo descubres estrategias que te ayudan a encontrar el equilibrio y la paz en tus emociones. Aunque te lleve días llenar este espacio, tú puedes hacerlo. ¡Amiga, lucha por obtener la sanidad emocional!

LECCIÓN 8

TU PROPIO ESTILO

Cuando descubres el propósito de Dios y la razón por la cual te ha asignado este tiempo en tu generación encuentras tu propia voz

ACTÍVATE

Juguemos al ¿Qué me pongo? Es una actividad sencilla pero muy divertida: dile a las chicas que cuando menciones «sombrero» todas se paran, cuando digas «zapatos» todas se sientan y cuando digas «suéter» todas se cambian de lugar. La que se equivoque va saliendo del juego. Gana quien quede hasta el final.

AL PUNTO

Brilla según el propósito por el cual Dios te ha puesto en esta tierra.

TEXTO PRINCIPAL

«¡Así dejen ustedes brillar su luz ante toda la gente! ¡Que las buenas obras que ustedes realicen brillen de tal manera que la gente adore al Padre celestial!» (Mateo 5:16)

DESARROLLO DE LA LECCIÓN

Llega enero y todas nos vemos tentadas a buscar en la Internet cuáles son las tendencias de moda para las estaciones del nuevo año, los peinados recomendados, las cosas que están *in* y las que ya quedaron *out* y hasta los colores que serán tendencia (por si te interesa, Pantone Color Institute ha anunciado que su color del año 2020 es *PANTONE 19-4052 Classic Blue*, un tono azul profundo que produce calma y con el cual todas estamos familiarizadas, así que este azul clásico no tardará en inundar todas las tiendas y redes sociales). ¡Por favor, que alguien me diga qué ponerme, cómo maquillarme, cómo peinarme y qué ropa comprarme!

CUANDO EL SEÑOR TE SALVÓ TAMBIÉN TE ASIGNÓ UNA NUEVA MISIÓN: EL MINISTERIO DE LA RECONCILIACIÓN

Está bien, me confieso culpable también de caer presa de lo que dicta la cultura y espiar uno que otro blog de moda... pero al final del día, lo que se ve tan maravillosamente en otras chicas famosas (las prendas, colores y hasta los estampados tan osados que ellas usan) queda absolutamente ridículo cuando yo lo uso. ¿Soy la única a la que le pasa esto? Y claro, de repente, recuerdo que Dios me ha hecho diferente a las demás, con particularidades y características que me hacen mucho más interesante y hermosa si soy fiel al diseño de Dios. Y hablando del diseño de Dios para cada una de nosotras, leamos juntas este versículo: *«Por lo tanto, si alguien está unido a Cristo, es una nueva creación. ¡Lo viejo ha quedado atrás y lo nuevo ha llegado! Y todo esto proviene de Dios, quien nos reconcilió consigo por lo que Jesucristo hizo. Y Dios nos ha otorgado la tarea de la reconciliación»* (2 Corintios 5:17-18).

¿Captaste esto? Cuando el Señor te salvó también te asignó una nueva misión: el ministerio de la reconciliación o, como lo menciona una versión contemporánea, «traer paz entre Dios y las personas». Así como un mendigo le cuenta a otro mendigo dónde puede encontrar pan, así somos llamadas a llevar a otros hacia esta fuente de vida que hemos encontrado.

Tal vez te veas tentada a pensar: «Eso es para otras chicas, no es para mí» o quizás ahora mismo estés lidiando con algunas mentiras como estas en tu cabeza:

- «He cometido demasiados errores»
- «Mi pasado es horrible»
- «Nadie va a creerme»
- «Hasta mi familia se burlaría de mí»
- «No soy tan inteligente»
- «No tengo lo que hace falta para cumplir con esta misión»
- «No soy la Madre Teresa»

Tienes razón, no eres la Madre Teresa: ¡eres tú! Eres la persona que Dios diseñó que fueras, y cuando te salvó y te transformó en una nueva criatura, lo hizo con un propósito en mente.

Lee 1 Pedro 2:9-12. Si es necesario para una mejor comprensión, léelo en diferentes versiones bíblicas y luego haz una lista de frases y palabras que describen quién eres según la opinión de Dios:

____

____

____

____

____

Ahora haz una lista de las palabras y frases que describen lo que Dios quiere que hagas:

____

____

____

____

____

¿Qué te dicen estos versículos sobre el plan de Dios para ti?

Estos versos no dicen nada sobre sentarte como una espectadora en la banca ni quedarte aislada a un costado: más bien, son un llamado inmediato a la acción a causa de tu nueva identidad en Jesucristo.

Eres escogida. Eres santa. Perteneces a la realeza. Eres una sacerdotisa. Eres posesión de Dios, recipiente y portadora de misericordia. Eres quien proclama sus alabanzas y eres una luz encendida.

Eres un trofeo de la gracia de Dios, pero no de esos trofeos que solo se exhiben en un aparador sino que eres un trofeo viviente; tu vida diaria, tal y como es hoy, desde la casa a la escuela o al trabajo (sin viajes misioneros al África) es un testimonio constante del amor redentor de Dios. La forma en que vives, trabajas, estudias, luchas, conduces, haces las compras, sales a comer o vas al cine, todo eso es una historia que se desarrolla frente a la mirada de quienes te rodean: es la historia del Dios de los cielos que ama y redime. Es la historia de lo que Dios hace con una vida que se rinde a él en las cosas grandes y pequeñas, es la historia de traición y de perdón, de pecado y redención, de muerte y nueva vida.

Has sido comprada a un alto precio para un propósito. Ya es hora de salir de tu comodidad y comenzar a vivir ahora mismo según esa misión.

¿CÓMO SE RELACIONA ESTO CONMIGO?

Tu llamado y tu pasión no están divorciados. Una forma muy sencilla de identificar el propósito de Dios para tu vida es conocerte y descubrir con qué habilidades el Creador te ha dotado para que cumplas con la misión que te ha asignado.

Me encanta la definición de *habilidad*: «capacidad, inteligencia y disposición para realizar algo. Lo que se realiza con gracia y destreza».

Todas las chicas somos poseedoras de una o varias habilidades. Seguramente a esta altura de tu adolescencia o juventud ya has identificado las tuyas o tienes una idea de lo que estoy hablándote, pero si todavía dudas sobre cuáles son tus habilidades déjame hacerte tres preguntas que me ayudaron mucho a identificar las mías:

1. ¿Qué te gusta hacer?
2. ¿Qué cosas haces bien?
3. ¿Qué te dice la gente que te rodea que haces bien y los bendice?

Mis dos grandes pasiones son la música y el inglés, por eso dediqué gran parte de mi vida a prepararme en estas dos áreas, y gracias a Dios pude recibirme de profesora y traductora de inglés así como también de profesora de piano y canto. No obstante, si hay algo que les agradezco a mis padres es que desde pequeña me involucraron en muchas y diversas actividades: tomé clases de danza clásica, dibujo, pintura, bellas artes, natación y no sé cuántas cosas más. Aunque no era buena para todo ni terminé carreras en todas esas áreas, sí me ayudó mucho el experimentar distintas actividades para descubrir otras cosas que me gustaba hacer. Hoy sigo disfrutando mucho de la música y el inglés, pero también he descubierto que me gusta hacer muchas más cosas que eso: me encantan las manualidades, escribir, enseñar, cocinar, decorar, tomar fotos y mucho más.

¿Ya descubriste lo que más te gusta hacer? Si todavía no has descubierto lo que más disfrutas, no tengo ninguna duda de que ya vas a averiguarlo; estás a tiempo de probar, intentar, soñar, planear y experimentar. Sin embargo, hoy quiero desafiarte a ir un poco más allá.

¿Qué pasaría si esas habilidades o *hobbies*, además de ser algo entretenido y provechoso que te beneficia a ti, pudiera en alguna medida beneficiar a los demás?

¿Qué tal si algo de lo que disfrutas se convirtiera en un puente a fin de buscar el bien de otros? ¿Qué tal si eso que te encanta sirviera para dejar una huella en tu generación?

Hace un tiempo empecé a darme cuenta de que podía vincular mis habilidades con la necesidad de alguien más con el objeto de suplirla. Por ejemplo, al descubrir que me gustaba mucho escribir, decidí escribir algo que valiera la pena y pudiera bendecir a los demás; sin embargo, esto es algo que va todavía más allá. ¿Por qué no vincular mi *hobby* con el de alguien más para dejar huellas y ser de mayor ayuda a la necesidad que me rodea? Conozco gente apasionada por la justicia social, los huérfanos o la ayuda a los pobres, y por otro lado ya existen organizaciones que están haciendo una diferencia en su comunidad. ¿Por qué no destinar parte del dinero que gane por lo que escribo para apoyar a alguna de estas organizaciones?

Piensa en utilizar tus habilidades para bendecir a los demás: quizás puedas ofrecer algo de tu tiempo a una organización que ayuda a la gente, llevar comida a un orfanato, donar dinero a algún hospital u hogar de ancianos o quizás destinar parte de tus ingresos a una organización que alimente a niños de la calle.

Piensa en términos de generaciones. ¿Cómo puedes, de alguna manera, pasar por esta vida dejando una huella?

Me encantaría que con el paso de los años puedas contar varias experiencias y testimonios en el siguiente espacio.

____

____

____

____

____

«No es lo que obtenemos, sino lo que contribuimos, lo que le da un significado a nuestras vidas» (Anónimo)

LECCIÓN 9

¿PARA QUIÉN TE VISTES?

ACTÍVATE

Con un kiwi y varias otras frutas puedes enseñarles sobre la belleza interior. Pasa las frutas de a una y pregúntale a todo el grupo cuál les parece la más linda y cuál es la más fea. Al final pasa el kiwi para que todas lo toquen y lo huelan; luego córtalo en rebanadas para que comprueben el dulce sabor de su interior. Como con el kiwi, muchas veces lo que nuestros ojos ven no refleja el interior; las apariencias engañan, y el desafío es que podamos llegar a conocernos en profundidad para encontrar lo que nos hace especiales a cada una.

AL PUNTO

La opinión de los demás nos lleva a vivir vidas falsas y vacías.

TEXTO PRINCIPAL

«Pero el Señor le dijo: —No juzgues al hombre por su apariencia. No, no es este. Yo no escojo como los hombres lo hacen. Los hombres juzgan por la apariencia exterior, pero yo miro el corazón» (1 Samuel 16:7)

NOTA PARA LA LÍDER

Comienza con la siguiente ilustración: «¡Antes de empezar con nuestra lección de hoy, déjenme presumirles *este abrigo nuevo que me compré! (entrar usando un abrigo o prenda de moda pero que te quede gigante, todo sea por aparentar, porque todas lo tienen o porque está de moda... ¡y ni siquiera te queda bien!). ¿Qué tal? ¿Les gusta? ¡Lo conseguí a un súper buen precio!». Se van a quedar mirándote y posiblemente no se animen a decirte la cruel verdad: ¡que no te queda para nada bien!*

La opinión de los demás nos lleva a vivir vidas falsas y vacías... y ya puedes quitarte ese abrigo que no te queda bien.

DESARROLLO DE LA LECCIÓN

La época en que nos ha tocado vivir resulta emocionante debido al desarrollo de la tecnología, los avances científicos, el ritmo vertiginoso de las comunicaciones y el mundo virtual que ha servido para acortar distancias de manera sorprendente, así como muchas cosas más que podríamos mencionar.

No puedo evitar pensar en la sabiduría que Dios le ha dado al hombre, la creatividad, la capacidad de soñar, realizar, crear, concretar y descubrir. ¡Me quedo sin palabras!

En lo particular, me encantan las redes sociales. Es extraordinario poder comunicarnos con gente que hacía años no veíamos y con la que habíamos prácticamente perdido el contacto; hablar o tener videoconferencias con la familia que está a miles de kilómetros es una ventaja increíble de estos tiempos. Conocer a los hijos de mis amigas que hace tanto que no veo por medio de «la magia» de una imagen que viaja a velocidades impresionantes resulta realmente sorprendente. ¡Compartir con las abuelas de mis hijos los videos de sus actividades no tiene precio!

Siempre que la intención sea buena, no veo nada de malo en utilizar la Internet a nuestro favor. Creo que el problema viene cuando nos desequilibramos, ya sea con respecto al tiempo que pasamos navegando en la red o por la razón por la que estamos haciéndolo.

CUANDO NOTAS QUE PASAS DEMASIADO TIEMPO EN TU TELÉFONO Y ESTE HÁBITO TE DOMINA ES HORA DE HACER CAMBIOS Y TOMAR DECISIONES

Amiga, cuando notas que pasas demasiado tiempo en tu teléfono y este hábito te domina es hora de hacer cambios y tomar decisiones. Si te pasas horas chateando, visitando las redes sociales o teniendo videoconferencias, obviamente estás robándole tiempo diario a otras actividades que tienes que cumplir, y el punto es que tengas la madurez de dominar la situación y no permitir que esta te domine a ti.

Lo mismo ocurre con las razones que nos mueven. Hoy en día la Internet nos da acceso a información que se encuentra a la distancia de un *clic*, y permíteme repetirlo, es nuestra responsabilidad supervisar qué leemos, a qué sitios entramos y qué ponemos frente a nuestros ojos.

¡Cuídate de con quién hablas en las redes! Recuerda que desgraciadamente en este mundo también hay gente mala que está buscando destruirte. Por favor, no hables con extraños ni divulgues tu información personal a gente que no es de tu plena confianza; hay redes de abusadores que solo pretenden seducirte, quizás citarte en algún lugar y aprovecharse de ti. Corta todo tipo de comunicación con hombres o mujeres que te hagan preguntas de índole sexual, aunque creas que son tus «amigos». Cualquier persona que no respete tu privacidad no te conviene.

Y hablemos también del *sexting*, esta práctica que ha cobrado popularidad entre los adolescentes y jóvenes en los últimos años. Se trata de sacarse fotos o filmarse las partes íntimas y enviarlas por el ciberespacio a alguna persona que se encuentra del otro lado de la comunicación. Algo terrible y degradante. Las chicas que amamos a Dios y deseamos honrarlo con todo nuestro ser no somos chicas fáciles, sabemos respetarnos y hacer que nos respeten, y las buenas decisiones no solo nos afectan a nosotras individualmente sino que pueden bendecir a quienes nos rodean. Cuídate, pero también cuida a la gente que más quieres, a tus hermanos y amigos; cuídalos de la perversión, la pornografía, de imágenes que los acompañarán por el resto de sus vidas. Usa la Internet y las redes sociales solo para darle gloria al nombre del Señor.

CONSUMISMO

El sistema que está detrás de las redes sociales nos cautiva y persigue nuestra atención. Mientras más tiempo pasas en YouTube, Instagram, Twitter, Facebook o tu red favorita, más dinero ganan ellos y las compañías que intentan bombardearnos con sus anuncios promocionales. Gestionar el tiempo que le dedicamos al mundo virtual es nuestra responsabilidad y se hace cada vez más difícil.

GESTIONAR EL TIEMPO QUE LE DEDICAMOS AL MUNDO VIRTUAL ES NUESTRA RESPONSABILIDAD

Ahora con las redes sociales podemos enterarnos hasta dónde conseguir las prendas o accesorios que usan las chicas o mujeres que admiramos. Existen *#tags, hashtags* y etiquetas que brindan información adicional, y nuestra insatisfacción crece hasta que no vamos a tal sitio o negocio o conseguimos en la tienda *online* el producto en cuestión.

CONTRACORRIENTE

Totalmente contracultural es el mensaje del reino de Dios. Leamos juntas y meditemos en el siguiente texto bíblico: *«Por ello les aconsejo que no se preocupen por la comida, la bebida o la ropa. ¡Es mucho más importante tener vida y un cuerpo, que tener qué comer y qué vestir! Fíjense en los pájaros, que no siembran ni cosechan ni andan guardando comida, y el Padre celestial los alimenta. ¡Para él ustedes valen más que cualquier ave! Además, ¿qué gana uno con preocuparse?; ¿podemos acaso alargar nuestra vida aunque sea una hora? ¿Para qué preocuparse de la ropa? ¡Miren los lirios del campo, que no tejen su propia ropa, y ni aun Salomón con todo su esplendor se vistió jamás con tanta belleza!»* (Mateo 6:25-29).

Estos versículos me recuerdan justamente lo siguiente: *Minimalista: sencillez en su máxima expresión*. La tendencia del minimalismo en la moda lo reduce todo a lo esencial y utiliza solo elementos básicos, sin adornos ni accesorios. ¡Menos es más!

Alguien que refleja la naturaleza de Dios está agradecido por lo que tiene y expresa contentamiento. Una chica madura puede disfrutar de ser quien es y agradecer lo que Dios le ha dado y las oportunidades que tiene por delante.

SOBREINFORMACIÓN

Amiga, no estamos preparadas para enterarnos de todo lo que le ocurre a todo el mundo todo el tiempo: tal chica se fue de vacaciones, la otra se acaba de poner de novia (y cambió su estatus), aquella hizo una fiesta ¡y no me invitó! Tal familia se compró una casa nueva, mi amigo de la infancia se acaba de graduar, información, información, información....

Comencé a darme cuenta de que mientras más veía las redes sociales más crecía dentro mío un sentimiento agridulce: por un lado me alegraba de los logros de los demás, y por otro lado sentía que cada foto era un recordatorio constante de lo miserable que era mi propia vida. Y no sé cómo te vaya a ti, pero en lo personal he descubierto que no ver constantemente las redes sociales me trae alegría y paz. Las uso solo para propósitos promocionales (por mi trabajo) o para dejar palabras de bendición en mi muro, para saludar a quienes cumplen años o reconectar con relaciones que me hacen bien.

Me doy cuenta de que de toda la cantidad de contactos que tengo en mis redes verdaderamente muy pocos son mis amigos; si mis amigos cercanos necesitan comunicarse conmigo, me buscan en *WhatsApp* o por texto. No me malentiendas, no quiero decir que las redes sean malas sino que son solo una herramienta que, por lo general, refleja la intención del usuario.

FACHADAS DE PERFECCIÓN

Permíteme incluir aquí una definición de Pinterest que llamó muchísimo mi atención y me puso a reflexionar: *«Pinterest es una plataforma en redes sociales impulsada visualmente y diseñada estratégicamente para tener recordatorios continuos, las 24 horas del día, los 7 días de la semana, de que tus hijos no van tan bien vestidos como los hijos de tus vecinos, que tu hogar está decorado de forma desastrosa, que las fotografías que tomas son insulsas y sin arte, que hiciste una tarea terrible en la planificación de tu boda y que vives una existencia tediosa y monótona contrariamente a todos los demás, cuyas vidas son asombrosas en todo momento»*.

Las personas presentan su perfección para que todos observemos; podemos caer en la trampa de la apariencia, cuando en realidad se trata de un cuadro incompleto de una historia real sin filtros, de la que terminamos sintiéndonos horriblemente mal con nosotros mismos.

LOG OUT

Te dejo el desafío de tomarte descansos intencionales de las redes sociales y ver qué efecto produce esa pausa en tus emociones. Como te contaba, estas pausas a mí me traen alegría, mayor satisfacción y mucha paz.

No necesito saber todo. No pasa nada si no me entero de algo. No necesito publicar cada suceso de mi vida privada. El hecho de que los demás se enteren de lo bien que lo pasamos en familia no añade felicidad a lo vivido. Lo que decido publicar puede ser malinterpretado o producirle frustración a alguien que no está en un buen momento. Los «Me gusta» de la gente no le suman valor a quien soy en realidad ni definen mi identidad. No dependo emocionalmente de los comentarios o las reacciones de los demás a mis posts. La opinión de Dios es la que me asigna significado.

¿CÓMO SE RELACIONA ESTO CONMIGO?

Por demasiado tiempo hemos dejado que lo que otros piensan de nosotras nos angustie y nos condicione. Es tiempo de que creamos lo que Dios dice sobre nosotras: él afirma que somos sus hijas, que nos ama y que tiene planes mucho más grandes para nosotras de lo que podemos imaginarnos. También nos asegura que si está con nosotras nadie podrá hacernos frente y asevera que oye cada una de nuestras palabras y está pendiente de nosotras. Dios te ama y dice muchísimas cosas acerca de ti. Busca en la Biblia y repasa cada mañana esas palabras de amor, van a sostenerte y animarte a lo largo de todo el día.

SWAP PARTY

Amiga, Dios nos creó a su imagen y semejanza y nos hizo creativas como él. Hay tantas cosas que podrías hacer para verte linda y estar a la moda sin necesidad de gastar dinero ni correr detrás de los consejos de las *youtubers* del momento. Una idea práctica y divertida es que tú y tus amigas junten todas aquellas prendas de ropa y accesorios que no usan y las intercambien, para así tener algo nuevo y diferente en su clóset. ¡Este es un espacio genial para hacerlo! Todas tenemos alguna prenda o accesorio que está en excelente estado pero que por alguna razón no hemos podido usar, tal vez porque no nos queda como queremos, porque es de un color que no nos favorece, porque nos arrepentimos al momento de comprarla, porque fue un regalo de alguien más o porque no es de nuestro talle. ¿Qué te parece si todas traemos la próxima semana esas prendas y las intercambiamos para que cada una se lleve algo nuevo? También puedes traer accesorios, carteras, pañuelos, zapatos, collares o cualquier cosa que esté en las mejores condiciones y de las que alguna de tus amigas pueda beneficiarse.

NOTA PARA LA LÍDER

Para la Swap party asegúrate de que al menos todos los talles de las chicas de tu grupo estén representados, es decir que todas puedan llevarse algo... ¡Que haya algo para cada una y que ninguna se sienta dejada de lado!

LECCIÓN 10

INFLUENCER

{ *Una persona o cosa que ejerce influencia sobre otra* }

ACTÍVATE

¡Estamos llegando al final de las 10 clases! Pídele a cada chica que cuente cuál ha sido su lección favorita y por qué. Sorpréndete al ver cómo, en su amor incondicional, el Señor ha ido confrontándolas para producir en ellas una transformación que será el trampolín para impactar a más y más chicas.

AL PUNTO

Tienes un compromiso con las futuras generaciones. Conviértete en un modelo poderoso para las chicas más pequeñas que vienen detrás de ti.

TEXTO PRINCIPAL

«Que nadie te menosprecie por ser joven. Pero sé ejemplo de los fieles en la forma en que hablas y vives, en el amor, en la fe y en la pureza» (1 Timoteo 4:12)

NOTA PARA LA LÍDER

«Influencer» es un término que se utiliza para describir a una persona, blogger, celebridad o personalidad de las redes sociales que tiene el poder de inspirar o inducir a un comportamiento puntual, como la compra o la búsqueda de información sobre una marca.

Influencer // sustantivo

1. *Una persona o cosa que ejerce influencia sobre otra.*
2. *En marketing, una persona que posee la habilidad de influenciar a potenciales compradores de un producto o servicio mediante la promoción o recomendación de artículos en las redes sociales. Los «influencers» pueden agregar verdadera credibilidad a una determinada marca.*

DESARROLLO DE LA LECCIÓN

¿A quién estamos siguiendo? Tantas redes, tantas voces, tanto ruido, tanta exposición. Hoy cualquiera puede tener una opinión, hacer oír fuertemente sus posturas y captar nuestra atención. En medio de todo ese alboroto, ¡Jesús también te dice «sígueme»!

It girl: son «las chicas del momento», jóvenes populares que son consideradas íconos de moda, crean tendencia y sus estilos son copiados por millones de seguidoras. Suelen ser actrices, cantantes, presentadoras, *bloggers* o niñas de familias adineradas de las cuales no sabemos si poseen algún otro talento. Son jóvenes especialmente influyentes que atraen a las demás por su manera de ser y de interpretar las tendencias de moda.

NOTA PARA LA LÍDER

Aquí haz una pequeña encuesta entre tus chicas y pregúntales si están suscriptas a algún canal de YouTube en particular, si siguen a alguna de estas chicas que hacen tutoriales de belleza o de maquillaje, si son seguidoras frecuentes de alguna cuenta en particular en Instagram, etc.

UNA VOZ PARA SER OÍDAS

¿Nunca te preguntaste por qué naciste en esta época y dónde naciste, o por qué con el tiempo cambiaste de ubicación geográfica? Quizás sea por causas muy lógicas o naturales como trabajo, escuela, etc., pero trata de mirar un poco más allá, abre los ojos de tu corazón y pregúntate si Dios tal vez ha planeado que vivas en este lugar y durante este tiempo para ser una influencia positiva a todo el que te rodea. Y no lo dudes ni por un momento: nada sucede por casualidad. Donde Dios te lleve prepárate para brillar, enciende tu luz e ilumina con tu presencia, ideas, convicciones, talentos, fe, forma de pensar y creencias.

BUSCA A CONCIENCIA HASTA ENCONTRAR EL LLAMADO DE DIOS PARA TU VIDA Y PERSÍGUELO

Levanta tu voz y hazla oír. ¿Algunas ideas? Involúcrate en lugares donde puedas ejercer tu influencia y bendecir a los demás, alza tu voz en tu escuela y participa de los lugares donde se toman las decisiones, involúcrate en el comité estudiantil o en el centro vecinal de tu barrio, ocupa los lugares que están disponibles en tu comunidad para que la voz de personas justas y temerosas de Dios tome preponderancia.

Si lo ves muy irreal o lejano, comienza de a poco a dar pasos pequeños que te acerquen a uno de estos puestos de influencia; lee, estudia, infórmate y edúcate en todas las áreas posibles, entérate de las necesidades básicas de tu comunidad e involucra a tus amigas para tender una mano a los que más lo necesitan, demuestra una disposición para servir y determinación de hacer lo que otros no se animan a hacer.

Busca a conciencia hasta encontrar el llamado de Dios para tu vida y persíguelo: si tienes un llamado para desarrollar dentro de la iglesia, prepárate para ser la mejor. Si lo tuyo es el arte, conviértete en la mejor artista; si te atrae la política, involúcrate sin temor en este ámbito y comienza a brillar allí con la luz de Jesús; si vas a estudiar, sé la mejor estudiante de tu clase. Si vas a trabajar sé la trabajadora más responsable de todas, sé consciente de que Dios te coloca en un determinado lugar y en un determinado tiempo para afectar a las personas, ser luz y marcar la historia.

HAY UNA URGENCIA DE CONVERTIRNOS EN UNA PODEROSA INFLUENCIA PARA QUE NUESTRA VOZ SEA OÍDA

Por años pensamos que la única manera de servir a Dios era dentro de las cuatro paredes de la iglesia y dejamos vacantes posiciones de relevancia en las artes, la política, la economía, la educación, el deporte y la música y en sitios donde se toman decisiones. Levántate como una voz de influencia en el medio donde te desarrollas. Invade las tinieblas con la luz de Cristo, transmite un mensaje de salvación por todos los medios que estén a tu alcance. Hay una urgencia de convertirnos en una poderosa influencia para que nuestra voz sea oída. No deja de retumbar esa frase en mi cabeza: «Tendrán una voz para ser oídos». No se trata solamente de asistir a tu grupo de jóvenes ni de pertenecer a una iglesia, es mucho más que eso lo que Dios te ha llamado a hacer. Ponte desafíos más altos. Sueña en grande. Deja huellas.

¡SÉ UNA INFLUENCER!

Despierta a la realidad del llamado de Dios que cada una de nosotras tenemos para convertirnos en modelo e influencia para otras chicas. ¡Comienza ya mismo porque es urgente!

Seguramente tengas hermanas menores justo a tu alrededor y tal vez nunca se te haya ocurrido la idea de guiarlas. No es suficiente pensar «Soy una buena hermana; ya le tocará a ellas enfrentar esta etapa de su vida». Puedes ser mucho más que una hermana mayor y convertirte en una mentora para muchas otras chicas.

«Sin dirección, la nación fracasa; el éxito depende de los muchos consejeros» (Proverbios 11:14, NVI).

Convertirte en una mentora simplemente significa ofrecer un acompañamiento espiritual a otras chicas, tomarlas de la mano y navegar juntas las situaciones que estén enfrentando durante esta etapa de su vida.

Se trata de tomarte el tiempo de invertir intencionalmente en las jovencitas que te rodean.

Se trata de dedicar un tiempo cada semana para hablar sobre la vida y la Biblia.

Se trata de tomar una hermosa responsabilidad de todo corazón.

Se trata de un momento enfocado en impulsar a otra chica en su relación con Dios.

La mayor satisfacción es ver a estas amigas crecer en su relación con Cristo y madurar como mujeres jóvenes y descubrirás que es sorprendente e inspirador ver a Dios usar tus pequeños esfuerzos para impactar la vida de tus hermanas tan profundamente. No necesitas ser perfecta para comenzar a sembrar en las demás, solo debes ser sensible a esta necesidad y decidirte a dar este gran paso. Cada una de nosotras debería convertirse en una mentora, sin excepción.

Con frecuencia pensamos que el rol de discipulador o mentor es solo para «mujeres mayores y más maduras», pero esa idea simplemente no es cierta: las mujeres mayores definitivamente tienen toneladas para ofrecernos, pero las jóvenes también tienen mucho que ofrecer.

No hay necesidad de esperar hasta que pensemos que estemos listas, optemos por tener un impacto para la eternidad en este momento justo donde Dios nos tiene. Creemos una hermandad de niñas que sean mentoras de niñas, una comunidad de mujeres jóvenes que voluntaria e intencionalmente se vuelquen con entusiasmo en las mujeres que les rodean. ¡Imagina el impacto que podríamos tener! Imagínate si cada una de nosotras se acerca a una niña y comienza a guiarla, y luego imagina si esa chica se extiende para mentorear y tomar de la mano a una chica más. El efecto dominó sería inimaginable.

¿CÓMO SE RELACIONA ESTO CONMIGO?

Nunca olvides que detrás de ti viene una generación a la que debes inspirar. Aunque no te lo digan abiertamente, muchas de ellas te miran... y ¡te admiran!

¡CONVIÉRTETE EN UN HERMOSO EJEMPLO PARA TODAS ESAS NIÑAS!

¡Conviértete en un hermoso ejemplo para todas esas niñas! No necesitas esperar a que una chica te busque: ¡toma la iniciativa! ¿A quién vas a acercarte para acompañarla en su crecimiento espiritual?

«Lo que me has oído decir en presencia de muchos, enséñalo a creyentes de confianza que, a su vez, lo puedan enseñar a otros» (2 Timoteo 2:2).

Vive consciente de la presencia de Dios dondequiera que vayas, habla palabras que sanen y abre tus ojos para reconocer las oportunidades que el Señor pone frente a ti para abrazar, escuchar y consolar. Que no se te pase un solo día sin inspirar a tus hermanitas más pequeñas que te rodean. Abraza a las nuevas generaciones con esperanza.

A continuación, escribe el nombre de algunas chicas más pequeñas de tu círculo de influencia (no necesariamente de la iglesia) en quienes puedas sembrar los principios que Dios ha estado enseñándote últimamente. Dedica varias semanas o meses en ser intencional para encontrar tiempo de reunirte con ellas, enviarles mensajes de texto, tomar un refresco, salir a caminar, escucharlas y enseñarles alguna verdad del reino de Dios que te ha bendecido a ti y que puede beneficiarlas a ellas.

ACTIVIDAD FINAL

¡Cierren esta serie de 10 lecciones con la *Swap party*! Pásenla increíble, tómense fotos y utilicen los hashtags *#chicase625, #swapparty, #influencer* y los que se les ocurran. ¡Y porfa, cópienme con @carinavalerga porque quiero verlas!

LECCIONES PARA CHICOS

EL VIAJE DE TU VIDA

«Pues conozco los planes que para ustedes tengo, dice el Señor. Son planes de bien y no de mal, para darles un futuro y una esperanza» (Jeremías 29:11).

Dios ha puesto en cada uno de nosotros una visión única y un llamado que ha sido diseñado para darle propósito y significado a nuestra vida. Dios te ha puesto en medio de esta generación para realizar algo que nadie más puede hacer; la unicidad de cada uno de nosotros hace también único nuestro propósito y nuestro destino en Dios.

Imagina que estás preparándote para el viaje más increíble de tu vida: estás expectante de conocer ese lugar que muchas veces has visto a través de fotografías y estás a escasas horas de que eso deje de ser solo un deseo y se convierta en una grata realidad. Con ansiedad y entusiasmo preparas las maletas con todo lo que vas a necesitar durante tu viaje; ya revisaste en la *app* del clima con qué temperatura vas a encontrarte, tienes planeadas tus excursiones, la ropa que necesitarás y, obviamente, también cargas tus enseres de higiene personal. Tratas de no dejar nada librado al azar, así que revisas una y otra vez para asegurarte de que llevas todo lo que necesitarás para disfrutar de tu jornada.

De la misma manera, Dios te pensó para este tiempo de la historia, anticipadamente proyectó el viaje de tu vida aquí en la tierra y te equipó con todo lo que necesitarías para brillar en el recorrido. Vamos a descubrir esto a través de la vida de José, en un viaje desde pastorear ovejas hasta ser el hombre de mayor influencia en su generación.

Prepara tu equipaje y tu corazón: cada parada en el camino te acercará a tu destino. La idea es que al terminar esta serie de lecciones salgas con un sueño y una visión que cumplir en esta generación, con tu corazón y carácter preparados para sostenerte en el trayecto para cumplir tu destino.

NOTA PARA EL LÍDER

José: modelo a seguir para la vida cristiana

La saga de José registrada en Génesis 37-50 es una historia corta que involucra enseñanzas morales: ya sea en traición, adversidad o éxito saca lo mejor de sus circunstancias, permaneciendo fiel y leal a Dios. Estas lecciones se enfocan en su vida e historia, donde encontramos muchos paralelismos con respecto a Jesús, y puede ser un gran modelo bíblico para la vida cristiana.

Jesús es definitivamente el modelo al que podemos imitar de lo que es un hombre de verdad: vino a ser parte de la historia humana y vivió como un hombre perfecto, tentado en todo pero sin pecado (Filipenses 2:8). Su naturaleza, virtud y carácter son el ejemplo de la hombría que debemos perseguir. La clave de la masculinidad es esta: Jesús tomó responsabilidad por sí mismo, tuvo un trabajo y además de eso tomó responsabilidad por nosotros, muriendo en la cruz. En 1 Corintios 11:7 Pablo dice: «[...] porque es imagen y gloria de Dios».

Dios es el creador y también productor, así que el hombre joven que fue creado a su imagen debe tener como visión de vida ser un creador y un productor. Fuimos creados para amar, proteger, proveer, cuidar, servir, nutrir y bendecir; todas estas son cualidades que se aprenden, se toman de aquellos marcos de referencia con los que ellos se identifican.

En este recorrido por la vida de José vamos a explorar aquellas cualidades esenciales que como hombres jóvenes podemos desarrollar para vivir una vida de propósito y obediencia al Señor.

LECCIÓN 1

PRIMERA ESTACIÓN: SUEÑOS

ACTÍVATE

¡Bienvenidos a esta serie de 10 lecciones! Queremos comenzar a conocer a nuestros compañeros de viaje un poco mejor.

Ten a mano siempre unas tarjetas con preguntas que vayan desde lo más simple y fácil de contestar a lo más comprometedor que se te ocurra. Enuméralas, y puedes usarlas cuando necesites ocupar algo de tiempo en una actividad que les interese a todos. Haz preguntas como «Si tuvieras que elegir a una persona del grupo para irte de vacaciones, ¿a quién elegirías y por qué?» o «Si uno de tus mejores amigos te cuenta que probó drogas que le dieron en la escuela, ¿le avisarías a sus padres?». Este tipo de preguntas siempre nos lleva a conocernos mejor y a romper el hielo de los primeros momentos.

AL PUNTO

Cuando José tenía diecisiete años apacentaba el rebaño junto a sus hermanos. Tuvieron que pasar trece años entre que José recibiera el sueño y que el mismo se concretara.

TEXTO PRINCIPAL

«Oigan, les voy a contar el sueño que tuve —les dijo—. Soñé que todos nosotros estábamos en el campo atando manojos de trigo. Mi manojo se mantuvo derecho, mientras que los de ustedes se reunieron alrededor del mío y le hicieron reverencias» (Génesis 37:6-7)

NOTA PARA EL LÍDER

En la primera sesión, los jóvenes deben considerar cómo sus mayores sueños y aspiraciones involucran a Dios. Dales un tiempo aquí para que comenten acerca de alguno de sus sueños, anhelos o proyectos y si pueden llegar a relacionarlos como un vehículo que Dios puede utilizar para su reino.

DESARROLLO DE LA LECCIÓN

Dios nos escogió para cosas importantes, para hacer una diferencia en la vida de los demás.

LOS SUEÑOS DE DIOS PARA NOSOTROS SON MARAVILLOSOS

Los sueños de Dios para nosotros son maravillosos, nos dan un sentido de plenitud y siempre traen abundantes bendiciones a otras personas. Muchas veces quedarnos atrapados en una vida gris, plagada de vicios, desorden e inconsistencias tiene que ver con la ausencia de sueños.

Comenzamos nuestra historia de la vida de José cuando tiene diecisiete años. Él era parte de una familia que creció en medio de engaños y huyendo de la responsabilidad. Su historia familiar estaba llena de mentiras, asesinatos, saqueos, celos, ira y maldad, por lo que es difícil pensar que algo bueno podía salir de esta familia, pero Dios se especializa en hacer lo imposible.

Génesis 37:1-11 revela a José como un joven soñador con grandes aspiraciones. A lo largo de su vida se encuentra con aquellos que buscan silenciar su sueño, pero Dios, sin embargo, transforma lo malo para bien y los eventos de la vida de José finalmente se revelan como guiados por Dios y no por acciones humanas. La visión de José no era simplemente su sueño: era de Dios, e involucra el futuro de Israel como pueblo de Dios.

José sabía que los sueños que estaba teniendo eran del Señor y que revelaban el propósito y los planes de Dios para su vida, y creyó lo que el Señor había dicho que haría con él.

José había escuchado de Dios. Ahora tenía un propósito, una visión para su vida, incluso aunque no fuera recibida por los demás. ¡También fuiste creado para un propósito divino! Es posible que Dios no te hable a través de un sueño, pero si te determinas a conocer su plan para tu vida, te lo revelará.

PARA MUCHOS, CAMBIAR EL SISTEMA ES UTÓPICO; PARA LOS SOÑADORES, ES LO ÚNICO QUE CUENTA

Si no estás satisfecho con lo que estás haciendo, incluso aunque las cosas parezcan ir bien, no esperes más; no te conformes con nada menos que conocer el propósito de Dios para tu vida. La Biblia lo deja muy claro en Efesios 5:17 donde dice: *«No sean tontos, sino traten de entender cuál es la voluntad de Dios»*. El descubrir el plan de Dios para tu vida no solo te dará satisfacción sino que te mantendrá enfocado en el camino. La visión de José lo mantuvo encaminado en tiempos muy difíciles y cuando se enfrentó a grandes tentaciones pudo decidir correctamente porque vivía permanentemente con un sentido de propósito. Proverbios 29:18 lo dice así: *«Cuando no hay dirección del Señor, el pueblo se extravía»*.

Tu sueño o propósito dado por Dios te inspirará, te motivará y te ayudará a mantenerte firme, aunque no veas evidencia de que esté cumpliéndose o cuando a mitad de camino pierdas de vista el por qué estás haciendo lo que haces; tampoco te sorprendas si parte de la oposición más feroz proviene de tus seres queridos o de tus amigos. Eso le sucedió a José, pero tomó la iniciativa, se hizo responsable de sí mismo y no puso excusas para hacer lo que tenía que hacer contando con la ayuda de Dios.

Él podría haber culpado a su entorno, la familia de donde provenía o lo malos que habían sido sus hermanos con él, pero nada de esto sucedió. Paso a paso, etapa tras etapa, fue caminando hacia el objetivo.

Los sueños requieren de trabajo, esfuerzo y mucha disciplina. Tenemos que estar dispuestos a pagar el precio. Hay placeres pasajeros que tendremos que postergar con la finalidad de llegar a la meta porque las prioridades son ordenadas de acuerdo con el tamaño de nuestros sueños. No pierdas tiempo, aprovecha las oportunidades que se te presenten y sé un buen administrador de todo lo que Dios pone delante de ti.

Nuestra fe crece cuando asumimos riesgos. José es el ejemplo de alguien que se encuentra con muchos obstáculos en el camino, pero él elige no quedarse tirado, no bajar los brazos y no sucumbir ante fracasos aparentes, abrazándose con todas sus fuerzas al sueño de Dios para él. Conviértete en una persona que sueña, porque los sueños crean pasión, la pasión creará disciplina y la disciplina te dará el coraje para comprometer totalmente tu vida a la visión que Dios ha puesto en tu corazón.

Dios ama a los soñadores, y tiene una especial debilidad por aquellos que se animan a creer que él puede usarlos para hacer una gran diferencia en este mundo. Para muchos, cambiar el sistema es utópico; para los soñadores, es lo único que cuenta.

El mensaje de Jesús fue tan revolucionario hace 2000 años como hoy, solo se necesita de hombres que le crean, se levanten y cumplan su destino sembrando sus vidas en su generación. Los ojos de Dios están sobre ti ahora mismo, así que lánzate a soñar.

¡ESTÁS LLENO DE POTENCIAL!

El potencial es la capacidad escondida, el poder sin desarrollar, la energía que no ha sido liberada, es todo lo que tú puedes llegar a ser pero que todavía no has logrado. El potencial es quién eres tú en realidad, es la persona atrapada dentro de ti debido a ideas falsas que tienes en relación con quien verdaderamente eres tú (ya sea que estas ideas vengan de ti o de otros). Dios te ha creado para que realices algo maravilloso, y te ha dado la habilidad y los recursos que necesitas para llevarlo a cabo.

DIOS CUMPLIRÁ SUS PLANES EN SU TIEMPO

Cuando Dios nos da un sueño, este está en su línea de tiempo personal. Sus planes nunca fallan, y él cumplirá lo que ha dicho que hará.

Queremos que las cosas sucedan a la velocidad de la luz, pero las cosas ocurren a la velocidad de una semilla plantada en el suelo que tiene que echar raíces antes de dar fruto. Se trata de una larga obediencia en la misma dirección. Las cosas que verdaderamente valen toman tiempo.

¿CÓMO SE RELACIONA ESTO CONMIGO?

«Los santos sueñan sueños que siempre se cumplen, porque sueñan los sueños de Dios» (Lucas Leys).

Todos tenemos sueños, y a través de esta serie de clases veremos las diferentes etapas del viaje desde los sueños hacia el destino en la vida de José. Todos tenemos sueños personales acerca de nuestras familias, finanzas, vocación, etc., pero hay algo mucho más grande y mejor para nosotros, y es cuando el Señor siembra en nosotros su propio sueño, que es más grande y mejor de lo que podemos imaginar. Sus pensamientos acerca de nosotros son más grandes de lo que pensamos.

El sueño de cada persona es único, pero de alguna manera cada uno está sobrenaturalmente entremezclado con el sueño maestro de nuestro amoroso Padre: reconciliar consigo mismo a sus hijos perdidos. Con el fin de cumplirlo, Dios ha designado un rol para cada uno de nosotros, un destino que es esencial para sus planes.

No existen dos roles exactamente iguales pero todos son igualmente importantes para Dios, por lo tanto hay cosas que Dios ha creado para que solamente tú las logres. Lo mismo sucede conmigo. Cada uno de nosotros cumple con un rol, y nuestros roles se cumplirán en la medida en que se cumpla nuestro destino dado por Dios.

Anímate a soñar el sueño de Dios: esto dará sentido de significancia a tu vida y sentirás que el viaje vale la pena.

LECCIÓN 2

SEGUNDA ESTACIÓN: IDENTIDAD

ACTÍVATE

Di que hoy tienes varias sorpresas en una bolsa. Saca poco a poco de la bolsa algunos elementos comunes y curiosos y trata de usarlos para un propósito diferente del suyo, como por ejemplo sacar pasta dental y ponerla en un peine, poner jabón en una lata de refresco o sacar una prenda de ropa interior vieja y ponértela de sombrero (si todo lo haces despacio y como si estuvieras realizando un experimento inteligente, será mejor para ir creando curiosidad).

Cada cosa tiene su propósito, y si la usamos para algo distinto es un desperdicio o puede quedar ridícula. Por más que quiera, un peine no puede decidir lavarnos apropiadamente los dientes ni el jabón va a ser agradable en el refresco; de igual manera, Dios nos creó con un propósito y nosotros debemos crecer en nuestra fe para aprender a ponernos a su servicio de forma efectiva.

AL PUNTO

Cada joven se descubre a sí mismo cuando se encuentra con Dios y comprende lo que Dios dice y espera de él. Todos aquellos que son hechos hijos de Dios cuentan con los derechos y privilegios de un hijo. Cuando los adolescentes entienden y experimentan esta verdad pueden crecer en su estima, mejorar la imagen que tienen de sí mismos y desarrollar una vida de devoción y amor a Dios.

TEXTO PRINCIPAL

«Israel amaba más a José que a sus otros hijos, porque José le había nacido en su vejez» (Génesis 37:3)

DESARROLLO DE LA LECCIÓN

Dios ya miró tu vida entera, determinó tu misión y se anticipó dotándote de todas las herramientas que vas a necesitar para llevarla a cabo. Nuestra tarea es disfrutar de nuestra unicidad, de quiénes somos y de hacer nuestra contribución única a la sociedad.

TIENES TODO LO QUE NECESITAS PARA HACER LO QUE DIOS QUIERE QUE HAGAS

Cuando sepamos quiénes somos sabremos qué hacer, y el hecho de conocernos es determinante de lo que haremos. Somos hijos de Dios creados a su imagen, y probablemente no lleguemos a ser todo lo que deseamos pero seguramente seremos todo lo que Dios quiso que fuésemos cuando nos creó. En síntesis, tienes todo lo que necesitas para hacer lo que Dios quiere que hagas.

Un consejo importante: si Dios se tomó el tiempo de hacerte único, no malgastes el tuyo comparándote con los demás, más bien invierte tiempo en descubrir tus cualidades, aquellas cosas que te identifican y que te harán brillar siendo tú mismo. Recuerda que hay cosas que solo tú podrás hacer, marcas que solo tú podrás dejar; por nada del mundo se te ocurra robarles el beneficio de tu peculiaridad a quienes vas a impactar a través del viaje de tu vida.

¡TÚ TAMBIÉN TIENES TU PROPIA TÚNICA DE COLORES!

Dios te ha hecho único, con dones y talentos increíbles que son un regalo del cielo para esta generación a la que Dios te ha llamado a servir, pero debes estar seguro de que estás haciendo lo que haces fundamentando tu posición e identidad en él. Tu valor está determinado por quién eres en él.

ENSEÑARLES A MIRARSE EN EL ESPEJO DE DIOS

El deseo de ser aceptado y de recibir aprobación de sus amigos es una de las marcas que definen la adolescencia, lo que los lleva en ocasiones a tomar decisiones en contra de sus propios valores y convicciones con tal de ganar la aceptación del otro.

Cuando los jóvenes lidian con una baja autoestima caen presos de la trampa de las comparaciones; pasan tiempo pensando que otras personas se ven mejor, que son más inteligentes, más talentosas o tienen mejores cosas que ellos, y esto empieza a formar una imagen pobre de sí mismos. Siempre encontrarán otros jóvenes que tengan cosas que ellos no tienen pero cuando ellos tienen el corazón sano y una buena imagen de sí mismos aprenden a aceptar, apreciar y dar gracias porque Dios los ha hecho únicos y especiales.

Efesios 2:10 nos dice: *«Porque somos hechura suya, creados en Cristo Jesús para buenas obras, las cuales Dios preparó de antemano para que anduviésemos en ellas»* (RVR1960). ¡Qué importante es enseñarles a verse a sí mismos como una obra de arte construida por la mano de Dios! En definitiva, nuestras acciones están determinadas por la forma de pensar y de vernos a nosotros mismos.

¡QUÉ IMPORTANTE ES ENSEÑARLES A VERSE A SÍ MISMOS COMO UNA OBRA DE ARTE CONSTRUIDA POR LA MANO DE DIOS!

¡El Creador es original! A él le encanta presumir de su capacidad de hacernos distintos y de poner su toque personal en cada uno de nosotros. Se tomó el tiempo para hacerte único y con características que te identificarían de todos los demás. Eres una obra de arte pintada por él, cuyo gran valor es tu singularidad.

NOTA PARA EL LÍDER

Cada uno de los adolescentes que está bajo nuestro cuidado es único, especial y tiene un llamado específico. Nuestro trabajo y aporte en ese proceso es esencial. Todo debe trabajar en pos de ese objetivo: desde las actividades y programas que realizamos, pasando por el material que les enseñamos y, por supuesto, la referencia irreemplazable de las Escrituras.

¿CÓMO LES AYUDAMOS A DESCUBRIR SU PROPÓSITO EN DIOS?

A continuación te dejo una serie de preguntas que puedes plantearles para ayudarlos en el proceso de conocerse mejor.

Habilidades naturales: ¿qué habilidades posees?

Dentro de cada uno de nosotros Dios depositó habilidades innatas (algunas son más difíciles de descubrir que otras). Enumera algunas habilidades que sabes que tienes. Si analizas las actividades de las que participas, ¿cuáles realmente dan fruto? ¿Qué parece fluir de manera natural para ti? ¿Para qué cosas eres bueno y obtienes resultados? (Éxodo 31:1-11).

Dones espirituales

Cada creyente tiene dones espirituales. En Romanos 12:6-8 encuentras una lista de dones espirituales, y también hay otros en Efesios 4:10-11, 1 Corintios 12:4-11 y 1 Pedro 4:10-11. De acuerdo con estas listas, ¿qué dones consideras que posees?

Sueños

¿Qué es eso que intentarías hacer si supieras que no vas a fallar? ¿Has recibido alguna visión o sueño de parte de Dios? ¿Qué te ha dicho Dios de manera recurrente a través de su Palabra?

Fortalezas

¿Qué dicen tus amigos cercanos y la gente que te conoce acerca de ti? A veces estamos demasiado cerca de nuestra propia situación como para verla objetivamente. Escucha a tus amigos y a adultos maduros que te conocen bien y que conocen bien a Dios. ¿Cuáles son tus fortalezas según ellos?

Causas

¿Qué convicciones estás dispuesto y comprometido a seguir? ¿Hay algunos asuntos que arden dentro de ti? ¿Hay alguna causa en la que crees y piensas que alguien debería hacer algo al respecto? ¿Qué gente o grupo de personas te produce un profundo deseo de ayudar?

Plenitud y satisfacción

¿Qué cosa disfrutas profundamente hacer? ¿Puedes identificar aquellas actividades que te producen el más profundo sentido de satisfacción? ¿Qué te hace sentir vivo? ¿Qué cosas harías, aunque nadie te pague por hacerlo?

Experiencias y oportunidades

¿Cuáles son tus oportunidades actuales? ¿Qué oportunidades has tenido y has aprovechado? ¿Qué experiencias significativas has tenido y te han convertido en la persona que eres hoy? (Romanos 8:28).

¿CÓMO SE RELACIONA ESTO CONMIGO?

Ahora guíalos a llegar a una conclusión respondiendo lo siguiente:

- ¿Ves algún patrón que se repita?
- ¿Hay algunos pensamientos o asuntos que son recurrentes?
- De acuerdo con tus respuestas, ¿podrías armar una especie de lista con tu misión y visión en la vida?

Esta podría ser una pista para ayudarlos a descubrirse a sí mismos y también a descubrir el plan de Dios para ellos.

LECCIÓN 3

TERCERA ESTACIÓN: EN EL POZO

ACTÍVATE

Las representaciones espontáneas son elementos eficaces para pasar un buen rato jugando y para introducir algún tema que quieras enseñar. Toma la porción bíblica que elegiste para el día, una obra de teatro que te guste y te sirva o algo de tu propia invención y pídele a tus jóvenes que se ofrezcan para representarla. Reparte los personajes y cuéntales un poco cómo es este personaje y en qué situación se encuentra, de manera que a medida que tú relatas ellos deben ir representándolo.

AL PUNTO

Dios a menudo nos lleva a través de tiempos difíciles para perfeccionarnos y acercarnos a su gran propósito para nosotros.

TEXTO PRINCIPAL

«Pero cuando ellos lo vieron, lo reconocieron a la distancia y decidieron matarlo.

—¡Ahí viene el soñador! —exclamaron—. Vamos, matémoslo y echémoslo en una cisterna. Luego le diremos a nuestro padre que algún animal salvaje se lo comió. ¡Veremos en qué paran sus sueños! [...]

Cuando José llegó donde ellos estaban, le quitaron su túnica de mangas largas, y lo arrojaron a una cisterna vacía. Luego se sentaron a comer. De repente vieron a la distancia una caravana de ismaelitas que venían de Galaad. Sus camellos iban cargados de perfumes, especias y bálsamos que llevaban a vender a Egipto.

—¡Miren! —dijo Judá a los demás—. Allá vienen unos ismaelitas. ¡Vendámosles a José!». (Génesis 37:18-20;23-27)

DESARROLLO DE LA LECCIÓN

En Génesis 37:2 José se vio a sí mismo calificado para hablar mal de sus hermanos con su padre. Cuando creemos que estamos calificados para juzgar el comportamiento de otros es porque estamos lidiando con orgullo en nuestro corazón. Aun así, Dios decide poner un gran sueño en el corazón de José y que lidie con él para acercarse a su destino.

Todos en algún momento de nuestra vida debemos lidiar con el orgullo: recuerda que por eso mismo cayó Lucifer (Isaías 14:12-13).

Israel amaba más a José que a sus otros hijos porque este le había nacido en su vejez. Un día, Jacob le regaló una túnica de mangas largas (Génesis 37:3) y por este favoritismo de su padre fue que los hermanos de José se molestaron y lo odiaron. Los celos, el odio y el resentimiento llevaron a los hermanos a venderlo a los comerciantes madianitas.

«¿Quiere decir que vas a ser nuestro rey? —se burlaron—, y lo odiaron aún más por el sueño y porque creían que él se jactaba de ser superior a ellos» (Génesis 37:8). Sus hermanos lo aborrecieron a causa de sus sueños y de sus palabras. El orgullo brota a través de nuestras palabras, y estas vienen de lo que abunda en nuestro corazón.

ESTAR EN EL POZO NOS OBLIGA A MIRAR INTROSPECTIVAMENTE DENTRO DE NOSOTROS MISMOS

Estar en el pozo nos obliga a mirar introspectivamente dentro de nosotros mismos. José parecía disfrutar ser el hijo favorito y presumir de sus sueños; también voluntariamente trajo malos informes a su padre sobre sus hermanos cuando tuvo la oportunidad de hacerlo. Es posible que Dios quisiera que José usara ese tiempo en el pozo como un momento para ajustar su actitud de fanfarrón acerca de ser el favorito.

Leamos el versículo 9: «*Luego tuvo otro sueño, y también se lo contó a sus hermanos: —Oigan mi segundo sueño —les dijo—. Soñé que el sol, la luna y once estrellas me hacían reverencias*».

Tal vez José necesitaba la experiencia en el pozo para librarse de este espíritu arrogante. Si no lo manejas, el orgullo puede ser extremadamente peligroso, ya que una persona orgullosa puede convertirse pronto en una persona autosuficiente, y estas actúan como si no necesitaran a Dios. Si había algún orgullo en José, el Señor tenía que lidiar con eso antes de poder hacerlo un gran líder.

Generalmente el orgullo se hace evidente en nosotros cuando hablamos, ya sea acerca de nosotros mismos o de nuestros logros.

Dos cosas a tener en cuenta:

- Verte a ti mismo como Dios te ve, ni inferior ni superior, creará en ti una autoestima saludable.
- La humildad no es pensar menos de ti mismo, es pensar menos *en* ti mismo.

¿Qué hay de ti? Si eres honesto contigo mismo, ¿con qué luchas?

- Orgullo
- Jactarte de lo que tienes
- Ser obstinado o engreído

- Ser narcisista
- Ser egoísta
- Ser arrogante

HERMANOS

¿En qué clase de persona se convertirá tu hermano / tu hermana como resultado de tu influencia? Podemos escribir una historia diferente con nuestros hermanos en la familia; mucha gente vendrá y se irá de tu vida, pero tus hermanos siempre serán tus hermanos.

Algunas decisiones importantes para cuidar este vínculo familiar de vital importancia:

- Trataré a mis hermanos / hermanas mejor de lo que trataría a mis mejores amigos.
- Trataré a mis padres mejor que a mi maestro, mi entrenador favorito o mi superhéroe.
- Protegeré y daré mi vida por mis hermanos / hermanas.
- Trataré mi relación con mis hermanos / hermanas como una prioridad importante en mi vida.
- Elegiré resolver todos los conflictos, en lugar de evitarlos.
- Perdonaré a mis hermanos / hermanas por cualquier daño que me hicieran, tal como Jesús me perdona a mí.
- Intentaré siempre ser un buen ejemplo para mis hermanos / hermanas menores.
- Recordaré cómo mis palabras y acciones afectan a mis hermanos / hermanas.

¿QUÉ TENEMOS QUE APRENDER?

Los celos y la amargura conducen al odio, el que nos dará pensamientos malvados que conducen a acciones malvadas. ¿Hay algún celo, amargura u odio en tu corazón del que debas arrepentirte? (nota: Santiago 3:14-16).

Como Dios es soberano, podemos confiar en él cuando las cosas parecen no tener esperanza. A pesar de las situaciones en las que nos encontramos y las acciones de los demás, Dios está en control y trabajando activamente en su plan.

Dios a menudo nos lleva a través de tiempos difíciles para lograr su gran propósito. ¿Puedes pensar en ejemplos de tu vida que muestren que esto es cierto?

¿CÓMO SE RELACIONA ESTO CONMIGO?

Preguntas esenciales:

- ¿Qué problemas, cosas o situaciones tienden a ponerte celoso?
- ¿Has sentido que Dios ha estado ausente en alguna parte de tu propia historia?
- ¿Hubo algún momento en el que no te sentiste amado por alguien que sabes que te ama?
- ¿Qué te da confianza de que Dios te ama?

LECCIÓN 4

CUARTA ESTACIÓN: PROCESO

ACTÍVATE

Pasaron 13 años desde que José recibió el sueño hasta su cumplimiento. Pídele a cada participante que cierre sus ojos por un momento y se imagine dónde quiere estar, dónde se ve a sí mismo o qué quiere lograr de aquí a diez años. Luego, que quien desee hacerlo lo comparta públicamente co|n el grupo.

AL PUNTO

Aunque la mayoría de los desvíos son difíciles y parece que nuestra vida empeorará, en realidad son parte del diseño de Dios para prepararnos para nuestro futuro.

TEXTO PRINCIPAL

«Cuando llegaron los comerciantes, sacaron a José de la cisterna y se lo vendieron por veinte monedas de plata. Los comerciantes siguieron el viaje llevando consigo a José hasta Egipto. [...] Mientras tanto en Egipto, José fue vendido a Potifar por

los mercaderes. Potifar era un funcionario del faraón, rey de Egipto. Era nada menos que el capitán de la guardia» (Génesis 37:28,36)

DESARROLLO DE LA LECCIÓN

Todo debemos saber que seguir a Jesús no siempre es fácil y que enfrentaremos dificultades y persecuciones.

Nuestra gran meta es parecernos a Jesús; ser transformados y conformados a la imagen del carácter de Jesús es el objetivo que perseguimos cada uno de los que hemos respondido a su llamado para nuestras vidas. Alcanzar la madurez no es otra cosa que parecernos a Jesús, pero esto no sucede de la noche a la mañana: toma tiempo, requiere superar varios desafíos, caminar con él, escucharlo, darle prioridad a lo que él quiere para nosotros y morir a nuestros deseos (Filipenses 3:12).

DIOS USA DESVÍOS PARA PREPARARNOS PARA NUESTRO FUTURO

Los desvíos son distracciones de la ruta original que habías planeado tomar; suelen ser inesperados e inconvenientes y nos sacan de la ruta prevista, por lo que nos lleva más tiempo del que habíamos planeado llegar a nuestro destino final.

Dios tiene un plan para tu vida y un propósito para tu existencia. La razón por la que no fuiste al cielo en el momento después de la conversión es por ese propósito que él desea que cumplas en la tierra.

A menudo, simplemente no estamos listos para manejar nuestro destino porque carecemos de madurez, y algunos desvíos suceden como consecuencia de nuestras malas decisiones. Dios puede utilizar cualquier desvío para atraernos hacia su corazón y sus caminos: *«porque puede que caigan siete veces, pero cada vez que caigan se levantarán [...]»* (Proverbios 24:16).

Tres cosas importantes para recordar durante los tiempos de proceso:

1. En medio de tus desiertos, Dios te revela su presencia.

   Cuando José fue llevado a prisión, Génesis 39:21 dice que *«Pero el Señor estuvo con José también allí y le mostró su amor [...]»*.

2. En medio de tus pruebas Dios te mostrará que hay otros jóvenes que sufren para que tú puedas ministrar sus necesidades.

   Dios pone en tu vida a otros que están pasando por luchas similares para poder prepararte para el servicio en su reino (Génesis 40:1-4), y utiliza a otras personas y sus problemas para ayudarte a enfocarte en ellos (altruismo) y no en ti mismo (egoísmo). Puedes ver este enfoque en Filipenses 2:3-5, ya que atender las necesidades de otros nos acerca más rápido a nuestro destino.

3. Demora no es sinónimo de ausencia.

   «Sin embargo, el jefe de los coperos se olvidó por completo de José» (Génesis 40:23). Del mismo modo, Dios intencionalmente retrasa el momento del destino para muchos de nosotros porque él está corrigiendo, preparando y madurándonos para la grandeza.

PUNTO CLAVE

Aunque la mayoría de los desvíos son difíciles e inesperados, en realidad son parte del diseño de Dios para prepararnos para nuestro futuro. Dios permite que las pruebas y adversidades nos pongan en situaciones y circunstancias de entrenamiento, como en un gimnasio, y al igual que lo hizo con Jesús, nuestro Padre celestial nos permite pasar por escenarios de ejercicios que incluyen una dificultad que debemos superar. Recuerda que Proverbios 16:9 nos dice: *«El hombre hace planes, pero es el Señor el que dirige sus pasos»*.

El deseo de Dios es formarnos como gente de carácter y con cicatrices de batalla que puedan decir «Dios no solo me dio una visión, yo he calificado para ella».

El proceso produce dos cosas en nosotros:

- Va a desarrollar nuestro carácter
- Va a producir responsabilidad en nosotros

Las maneras que Dios tiene de llevarnos a donde él nos ha prometido muchas veces son diferentes de las que nos imaginamos. Si Dios le hubiera dicho a José «¿Sabes? Tendrás que pasar por esto: tus hermanos van a odiar tu túnica de colores y van a desgarrarla de tu propia espalda, van a tirarte en una cisterna y después van a venderte...», quizás él lo hubiera pensado dos veces.

LAS MANERAS QUE DIOS TIENE DE LLEVARNOS A DONDE ÉL NOS HA PROMETIDO MUCHAS VECES SON DIFERENTES DE LAS QUE NOS IMAGINAMOS

El proceso te hará un líder disciplinado y al mismo tiempo dependiente de Dios. Pregúntate: ¿en qué cualidades de tu carácter te ha mostrado Dios que necesitas trabajar? La historia de José es un gran ejemplo de cómo enfrentar y superar las heridas, los malos hábitos y los fracasos.

El fracaso es una marca de prueba. Dios usa nuestras fallas, fracasos y experiencias de dolor para hacernos exitosos como personas que confiamos en él.

¿CÓMO PODER BENEFICIARSE DEL FRACASO DESDE LA PERSPECTIVA DE DIOS?

1. ***Responder con humildad.***

   Somos seres humanos finitos, fallamos, nos equivocamos y fracasamos, pero esto no define quiénes somos ni nuestro valor como personas. Lo que nos define es que somos sus hijos amados, y nuestro éxito viene de comprender que nuestro Padre está de nuestro lado y sigue amándonos en la misma medida.

2. ***Ser honesto en cuanto al dolor y la frustración que sientes.***

   Por la necesidad de proteger el sentido de autoestima, nuestro orgullo pretende hacer de cuenta que no ha pasado nada y que no sentimos ningún dolor. El fracaso produce dolor y debemos ser sinceros con respecto a cómo nos sentimos; es el dolor el que nos conduce a poner nuestra esperanza más profundamente en nuestro Padre.

3. ***Reflexionar en cuanto a lo que ha salido mal.***

   Con el dolor del fracaso en una mano y la humildad en la otra, analicemos qué estamos haciendo mal. ¿Debí escuchar los consejos que me dieron? ¿Me apresuré? ¿Fallamos al actuar en el poder de Dios? ¿Estamos desarrollando nuestras debilidades en lugar de nuestras fortalezas?

4. ***Buscar la dirección de Dios en el fracaso.***

   La mayoría de los adultos señalan a los grandes fracasos en su vida como los peldaños que Dios usó para colocarlos en posiciones que deseaba para ellos desde antes. Los fracasos no solo nos llevan a confiar y a depender de Dios en los próximos intentos, también nos entrenan para llevarnos a mejores cosas que Dios tiene para nosotros.

5. ***Recordar cuánto más grande es Dios que nuestros fracasos.***

   Las fallas y fracasos que atraviesan los adolescentes son demasiado pequeños e insignificantes como para hacer un agujero en el plan de Dios para el universo, ¡e incluso son muy pequeños para hacer un agujero en el plan de Dios para sus propias vidas! No significa que debemos entregarnos a pecar porque Dios obrará su plan de todas maneras, sino que debemos tener presente que nuestras decisiones todavía tienen consecuencias, importan, y nuestros fracasos nos pertenecen, pero Dios es mucho más grande y poderoso que el impacto de nuestros fracasos.

6. ***Volver a intentar algo más arriesgado.***

   Nuestra reacción ante el fracaso puede llevarnos a retraernos, a apostar por lo seguro, a escondernos y a no intentar nada arriesgado. El temor puede llegar a controlarnos. Una forma de vencer el sentimiento de derrota frente a los pequeños fracasos es atrevernos —e incluso animar a los más chicos— a asumir riesgos más grandes. «Mi autoimagen y cómo otros piensan de mí no es lo más importante. Mi tiempo, mi energía y mi dinero no son lo más importante. No seré prisionero de mi temor al fracaso. Intentaré algo incluso más arriesgado». Esta mirada nos lleva a confiar en Dios en aquellos desafíos que son más grandes de lo que nuestras capacidades individuales pueden manejar y nos obliga a decir: «Dios puede con esto, sin importar el resultado final. Si salto y fallo, Dios es capaz de colocarme en cualquier lugar que él desee. Estoy dispuesto a perder —o ganar— en mi intento, porque sé que Dios es quien me mantiene caminando en su historia».

¿CÓMO SE RELACIONA ESTO CONMIGO?

Para tener en cuenta:

- El primer objetivo es proporcionar entendimiento de que Dios frecuentemente nos lleva a desviarnos del camino hacia nuestro propio destino con el propósito de madurar y equiparnos.
- El segundo objetivo es alentar a quienes luchan con circunstancias difíciles ayudándolos a identificar la mano del Señor en medio de la tormenta.

LECCIÓN 5

QUINTA ESTACIÓN: INTEGRIDAD

ACTÍVATE

Al comenzar la clase pide voluntarios que quieran cambiar un chocolate (cualquier tipo de dulce o incluso una pequeña suma de dinero) que va a darles el líder cuando el participante pase al frente por lo que hay en una caja de sorpresas. Sería ideal que hubiera cuatro o cinco cajas de colores (o forradas) con los números del 1 al 4 (la cantidad de voluntarios tiene que ser uno menos que el número de cajas). Cada voluntario tiene que decidir por cuál caja va a cambiar su chocolate sin saber lo que hay dentro. En cada caja tiene que haber algo mejor o peor que el chocolate, puede ser un chocolate más grande o alguna porquería inservible graciosa que se te ocurra. Al hacer el cambio sorpresa, el participante se encontrará con que ganó o perdió según la caja que decidió.

Todos tenemos que vivir con el resultado de nuestras decisiones. No siempre sabemos lo que hay en la caja, pero otras veces sí. No podemos olvidarnos de elegir entre «las cajas de Dios» porque en ellas siempre hay algo mejor.

AL PUNTO

Ser tentados es una cosa, y pecar es otra. Todos experimentamos tentaciones y debemos pedir ayuda para ser fuertes ante ellas. La confesión es una disciplina espiritual poderosa para vivir en santidad.

TEXTO PRINCIPAL

«Por supuesto, José llegó a ser su persona de confianza. Pronto estuvo a cargo de la administración de la hacienda y todos los negocios de Potifar. Inmediatamente, Dios comenzó a bendecir a Potifar, por amor a José. Todos los asuntos de su hacienda comenzaron a prosperar, sus cosechas aumentaron y se multiplicó su ganado. Por esa razón, Potifar le entregó a José la responsabilidad de administrar todas sus posesiones. Potifar no tenía nada de qué preocuparse, sino de comer [...]»
(Génesis 39:4-6)

DESARROLLO DE LA LECCIÓN

El trabajo de José como mayordomo de las cosas de Potifar fue un tiempo de preparación para estar en el futuro con Faraón. Venía del campo, se habituó a Egipto, a la cultura, a estar con gente importante; todo fue planeado por Dios para prepararlo para su destino.

Aprovecha cada cosa que estés haciendo ahora, aprende, absorbe todo lo que puedas, porque quizás lo que estés haciendo ahora o en los próximos años no será tu destino final pero te preparará para lo que Dios tiene para tu vida. Sé una persona esforzada, que busca tareas para realizar, y hazlo todo con el mejor empeño, actitud y excelencia, y así Dios te rodeará de su favor y su gracia para que avances hacia tu llamado.

El hecho de que Dios te haya dado una visión para tu vida futura no significa que debes despreciar tu trabajo presente ni a las personas que Dios ha puesto a tu alrededor en la actualidad para pulir tu carácter. Utiliza tu trabajo actual para proyectar tu futuro, trabaja para que la visión de otro se cumpla y un día Dios hará que tu visión también se cumpla.

DECISIONES

Dios nos ama profundamente y su deseo es cubrirnos, cuidarnos y protegernos; sin embargo, no nos obliga a obedecerlo por la fuerza, él nos deja a nosotros la libertad de decidir.

En esta temporada comienzas a tomar decisiones trascendentales que afectarán el resto de tu vida. Dios nos creó con la capacidad de tomar decisiones morales por nuestra propia cuenta, y debemos aprender a sustentar nuestras decisiones en el fundamento del estándar moral de Dios.

TODAS NUESTRAS CONVICCIONES DEBEN BASARSE EN PRINCIPIOS BÍBLICOS

En Génesis vemos cuando Dios le habló a Adán y a Eva acerca de que ellos tenían libertad de comer de cualquier árbol que encontraran, excepto del árbol de la ciencia del bien y del mal. En los diez mandamientos que recibió la nación de Israel a través de Moisés, en las enseñanzas y ejemplos de Jesús que encontramos en los evangelios y en las epístolas paulinas y de otros vemos claramente a lo largo de toda la Biblia qué es lo que Dios espera de nosotros en diferentes situaciones. Siempre depende de nosotros el escoger obedecer y recibir los beneficios de esa obediencia o tomar el camino de nuestra propia voluntad, es decir, tenemos libertad de escoger a favor o en contra de los mandatos de Dios.

Cuando se toman decisiones hay quienes se dejan llevar por sus deseos o inclinaciones del momento y quienes toman en consideración los pro y los contra decidiendo luego por lo que creen que más les conviene, pero ambas alternativas se basan en preferencias personales. La mejor manera de tomar decisiones acertadas es depender de los principios que encontramos de antemano en la Palabra de Dios. Todas nuestras convicciones deben basarse en principios bíblicos.

Veamos algunos estándares morales que encontramos en la Biblia:

- Honrar a los padres: *«Hijos, obedezcan a sus padres, pues esto es lo que deben hacer los que pertenecen al Señor»* (Efesios 6:1).

- Ser fieles: *«Ahora bien, lo más importante en un siervo es que demuestre que es digno de confianza»* (1 Corintios 4:2).
- Libertad con responsabilidad: *«Les hablo así, hermanos, porque ustedes fueron llamados a ser libres. Pero no usen esa libertad para dar rienda suelta a sus pasiones. Más bien sírvanse unos a otros con amor. Toda la ley se resume en este mandamiento: "Amarás a tu prójimo como a ti mismo"»* (Gálatas 5:13-14).
- Posición social: *«Vivan en armonía unos con otros. No sean arrogantes, sino traten como iguales a la gente humilde ¡y no se hagan como que lo saben todo!»* (Romanos 12:16).
- Pureza sexual: *«¿No saben que el cuerpo es templo del Espíritu Santo, que Dios les dio, y que el Espíritu habita en ustedes? Ustedes no son sus propios dueños»* (1 Corintios 6:19).
- Orgullo: *«Pero él nos ayuda más con su favor. Por eso la Escritura dice: "Dios está en contra de los orgullosos, pero a favor de los humildes"»* (Santiago 4:6).
- Avaricia: *«Sepan esto: jamás tendrá parte en el reino de Cristo y de Dios el que sea inmoral, impuro o avaro (pues ser avaro es lo mismo que ser idólatra)»* (Efesios 5:5).

  Honrar los compromisos: *«Sobre todo, hermanos míos, no juren ni por el cielo ni por la tierra ni por ninguna otra cosa. Cuando digan "sí", que sea sí; y cuando digan "no", que sea no. De esta manera no serán condenados»* (Santiago 5:12).
- Pereza: *«Hermanos, también les rogamos que reprendan a los perezosos, animen a los desanimados, ayuden a los débiles y tengan paciencia con todos»* (1 Tesalonicenses 5:14).

En palabras simples, podemos decir que tomar decisiones correctas consiste en definir qué tipo de versión de lo que es moralmente correcto vas a elegir: si vas a elegir tu propia versión, la versión de tus amigos y la cultura o la versión de Dios. Y ese es nuestro desafío, aprender a decidir de acuerdo con la versión moral de Dios, buscar la sabiduría que encontramos en su Palabra para decidir de acuerdo con su corazón.

Te animo a la lectura del libro de Proverbios, que está repleto de sabiduría práctica aplicable a los asuntos cotidianos; allí vas a desarrollar y crecer en sabiduría leyendo esta colección de pequeñas frases que pueden ser aplicadas en circunstancias específicas cuando lo necesites.

DIOS PROMETE PROTEGER A AQUELLOS QUE DECIDEN CAMINAR EN SABIDURÍA

Dios promete proteger a aquellos que deciden caminar en sabiduría. No conozco a jóvenes que planeen fracasar, quedar embarazados fuera de tiempo, hacerse adictos a las drogas o al alcohol, arruinar su testimonio o terminar en la cárcel, pero sin embargo muchos de ellos no tienen un plan para no tomar decisiones tontas. La sabiduría es la herramienta que Dios utiliza para protegerte de aquellas cosas que tienen el potencial de destruir tu vida (Proverbios 27:12).

Cuando estés frente a una decisión importante, en vez de preguntarte «¿Qué tiene de malo que haga esto?» más bien pregúntate «¿Es esta la decisión más sabia que puedo tomar?».

FIEL EN LO PEQUEÑO

Dios desea ver que puede confiarnos pequeñas cosas, para así desarrollar en nosotros el sentido de responsabilidad para las cosas más grandes.

Debemos aprender de José a ser mayordomos fieles de aquello que Dios deposita en nuestras manos. Aun en el caso de José como mayordomo y siervo de alguien que ni siquiera conocía a Dios, a causa de su buena administración es que Dios hacía prosperar todo lo que estaba en sus manos.

José supo rápidamente que, si él quería seguir adelante en el viaje hacia su destino, tendría que pasar por la estación de la integridad. ¿Estaría dispuesto a honrar la confianza de su líder Potifar? ¿Estaría dispuesto a cubrir las espaldas de aquel que había depositado en sus manos todo lo que tenía? ¿Estaría dispuesto a negociar su integridad? ¿Estaría dispuesto a destruir el lazo de confianza que lo unía con su líder?

Integridad es ser puros en nuestros motivos e intenciones. Te animo a ser íntegro en lo que se te asigna. Actúa con responsabilidad aun cuando nadie te observa, y de esta manera podrás contar con la bendición de Dios en todo lo que hagas.

Leamos juntos Lucas 6:43-45: *«Ningún árbol bueno da fruto malo, ni ningún árbol malo da fruto bueno. Cada árbol se conoce por el fruto que produce. De los espinos no se pueden recoger higos ni de las zarzas se cosechan uvas. El hombre que es bueno hace el bien, porque en su corazón tiene un tesoro de bondad. Pero el que es malo hace el mal, porque eso es lo que llena su corazón. De lo que abunda en su corazón es de lo que habla su boca».*

Estas palabras pronunciadas por Jesús están cargadas de significado. Podemos estar seguros de al menos una conclusión: lo que está sucediendo en el exterior de nuestra vida proviene de lo que sucede en el interior. Cuando vemos la fruta, sabemos qué tipo de árbol es; el exterior es solo un reflejo de lo que hay en el interior.

DIOS SIEMPRE PONE EL «SER» ANTES QUE EL «HACER»

Prioriza cuidar tu corazón (tu interior) porque eso determinará lo que ocurre en el exterior (tu comportamiento), y pregúntate: ¿por qué es tan difícil hoy para nosotros centrarnos en el interior?

Muchas personas llegan al lugar anhelado y descuidan su carácter. Tu habilidad puede llevarte a la cima, pero es tu carácter el que te mantendrá allí.

¿CÓMO SE RELACIONA ESTO CONMIGO?

Haz lo que sea agradable a Dios, independientemente de las consecuencias.

Después de ser vendido como esclavo en Egipto, José sirvió en la casa de Potifar (el capitán de la guardia del faraón) y rápidamente se ganó el puesto más alto en la casa. Como hombre joven y guapo llamó la atención pecaminosa de la esposa de Potifar, la cual trató de seducirlo. Ella era agresiva e insistente, como afirma la Biblia en Génesis 39:10: *«Pero ella continuó con sus insinuaciones día tras día [...]»*.

A pesar de sus muchos intentos de atraer a José hacia el pecado, él no cedería: *«Pero José se rehusó a hacerlo, y le dijo: —Señora, mi amo confía en mí en todo lo relacionado con su hacienda; él me ha dado toda su autoridad. No me ha prohibido ninguna cosa. Solamente sobre usted yo no tengo ningún derecho, pues usted es su esposa. ¿Cómo podría yo hacerle una maldad tan grande como esta? Sería un pecado muy grande contra Dios»* (Génesis 39:8-9).

José sabía que pecar contra Potifar estaba mal, pero también sabía que era aún peor cometer ese pecado porque era ofensivo para Dios y rompería la confianza que Potifar había depositado en él. Hacer lo correcto a los ojos de Dios en lugar de tratar de agradar a las personas siempre es lo correcto, incluso si esto trae consecuencias aparentemente negativas. Dios cuidará de aquellos que lo aman y obedecen, tal como lo hizo con José.

HACER LO CORRECTO A LOS OJOS DE DIOS EN LUGAR DE TRATAR DE AGRADAR A LAS PERSONAS SIEMPRE ES LO CORRECTO

¿QUÉ HAY QUE APRENDER?

Así como José luchó contra la tentación, nosotros también debemos hacerlo. José nos mostró que podemos vencer la tentación al establecer convicciones y un plan de batalla. ¿Qué tipo de plan de batalla tienes que te permita salir victorioso de la tentación?

CHICAS CHICOS

A veces somos acusados erróneamente de cosas que no hemos hecho. A veces la vida no parece justa. Aun así, debemos recordar que Dios está en control y seguir confiando en él. ¿Qué cosas en tu vida parecen injustas? ¿Tu respuesta a estas cosas demuestra confianza en Dios?

LECCIÓN 6

SEXTA ESTACIÓN: SANTIDAD

ACTÍVATE

Utiliza diferentes tipos de protectores solares y procura conseguir fotos de los diferentes tipos de cáncer de piel para la siguiente lección.

En nuestra sociedad tener un buen bronceado es señal de salud, de pasarla bien, de *glamour* y dinero. Aunque recibimos miles de advertencias acerca del mal que pueden provocar largas exposiciones al sol seguimos envidiando a aquellos que están bronceados, y nos cuesta aceptar que los rayos ultravioletas causen muchos males como resequedad de la piel, arrugas y hasta la muerte. Es por eso que se han creado tantas marcas de protectores solares y diferentes tipos de niveles de protección. De la misma manera se podría afirmar que, habiendo pasado tanto tiempo expuestos al pecado, el resultado sería una memoria arrugada, un corazón lleno de parches, manchas de culpabilidad y finalmente la muerte, pero Dios nos ha dado la protección perfecta basada en la larga exposición bajo la presencia del Hijo: su protección es el secreto de la belleza que corre por debajo de nuestra piel y limpia las manchas negras de nuestro corazón humano.

AL PUNTO

El código de honor por el cual vives, que es la Biblia, dice que tu cuerpo es para el Señor y que el Dios a quien decidiste seguir y servir es un Dios santo. Guardar tu cuerpo en pureza es cuestión de honor.

TEXTO PRINCIPAL

«*Un día la mujer de Potifar comenzó a fijarse en José, se enamoró de él y lo invitó a tener relaciones sexuales con ella. Pero José se rehusó a hacerlo [...] Pero ella continuó con sus insinuaciones día tras día, a pesar de que él se negaba y evitaba en todo lo posible encontrarse con ella a solas. Un día, mientras José estaba haciendo sus quehaceres en la casa, ella aprovechó que no había nadie más en la casa, lo agarró de la túnica y le ordenó: —¡Acuéstate conmigo! Él salió corriendo [...]*» (Génesis 39:7-8, 10-12)

«*Ustedes no han pasado por ninguna tentación que no sea común al género humano. Pero pueden estar confiados en la fidelidad de Dios, que no dejará que la tentación sea más fuerte de lo que puedan resistir. Dios les mostrará la manera de resistir la tentación y escapar de ella*» (1 Corintios 10:13)

NOTA PARA EL LÍDER

Nuestros jóvenes necesitan ayuda para formar sus convicciones, y nosotros debemos proveer las herramientas y el consejo para ayudarlos a tomar decisiones correctas y sabias. Mientras los ayudemos a formar una imagen sólida y bíblica de sí mismos llegarán a ser capaces de decirle que no a la presión sexual y decirle que sí a la abstinencia como una salida concreta a este desafío.

Los jóvenes deben saber que el sexo es una idea de Dios. En el libro de Génesis leemos que, después de que Dios creó al hombre y a la mujer y su sexualidad, miró lo que había hecho y dijo que era bueno. Dios no es alguien que es malo y quiere evitar la diversión. Cuando se trata de sexo, él creó el sexo y lo ve como algo bueno, y su diseño para la sexualidad se expresa saludablemente dentro de los parámetros del matrimonio con el fin de ayudarnos a considerarlo como un maravilloso regalo que él nos ha dado.

Cada vez es más alta la cantidad de jóvenes que deciden esperar hasta el matrimonio para tener relaciones sexuales, y esta es la mejor decisión que pueden tomar. Enseñarles a nuestros jóvenes a esperar hasta el matrimonio para tener relaciones sexuales va mucho más allá de la abstinencia, se trata de enseñarles a vivir un estilo de vida que honre a Dios.

DESARROLLO DE LA LECCIÓN

Justo cuando las cosas están mejorando para José, se encuentra con su próximo desafío: la esposa de Potifar trata de seducirlo, pero a diferencia de muchos que llegan a lugares de autoridad, José mantuvo una clara perspectiva sobre sus límites, incluso cuando no había testigos.

«Por eso, precisamente, les digo que huyan de los pecados sexuales. Ningún otro tipo de pecado afecta al cuerpo como este. Cuando uno comete esos pecados, peca contra su propio cuerpo» (1 Corintios 6:18).

«El pecado sexual no es un pecado peor que cualquier otro que podamos cometer; sin embargo, nuestra sexualidad está conectada con nuestro cuerpo, alma y espíritu, y por lo tanto el pecado sexual tiene consecuencias que ningún otro pecado tiene» (tomado de *Lo que todo líder debe saber de sus jóvenes*).

En su libro *El código de la pureza*, Jim Burns examina cuatro factores que están vinculados entre sí y que forman un todo en cuanto a una vida de pureza. Estos implican:

- Enseñarles a honrar a Dios con sus cuerpos (1 Corintios 6:18-20)
- Renovar la mente para el bien (Romanos 12:1-2)
- Quitar sus ojos de las cosas sin valor (Mateo 6:22-23)
- Aprender a cuidar su corazón por encima de todo (Proverbios 4:23)

No te preguntes «¿Seré tentado?», mejor ten un plan para cuando lleguen las tentaciones.

Cada vez que tengo oportunidad en alguna entrevista de consejería en mi oficina o en alguna conferencia, les digo a los jóvenes lo siguiente: «Los consejos que voy a darte no parecen demasiado "espirituales". Quizás estás esperando que te diga

NO TE PREGUNTES «¿SERÉ TENTADO?», MEJOR TEN UN PLAN PARA CUANDO LLEGUEN LAS TENTACIONES

"Tienes que orar 10 horas y ayunar 40 días", y estas son armas espirituales que por supuesto debemos usar, están a nuestra disposición y deben formar parte de nuestra vida diaria; sin embargo, debemos ser sagaces y tener un plan preparado de antemano. Debemos asegurarnos de estar espiritualmente saludables y también predispuestos a no ponernos en situaciones o lugares en donde podemos ser vulnerables».

El pecado nunca ha sido negocio, y menos para alguien que tiene un sueño. José no estaba dispuesto a decepcionar a su patrón, quien había confiado en él hasta el punto de poner en sus manos todo lo que era suyo, pero tampoco estaba dispuesto a decepcionar a Dios que lo había llamado para bendecir a su nación. Cuando tú sabes hacia dónde te diriges, no estás dispuesto a demorar ese viaje hacia tu destino; sabes que el ceder a esas tentaciones que se presenten puede modificar tu futuro en forma negativa, y no estás dispuesto a cambiar un momento de placer mal habido por una vida de logro, bendición y realización.

«Huye de las cosas que provocan malos pensamientos en las mentes juveniles [...]» (2 Timoteo 2:22).

Quiero que sepas que hay gente que tiene expectativas contigo, gente que espera cosas buenas de ti. Y algo más: Dios mismo tiene expectativas contigo.

EL PECADO NUNCA HA SIDO NEGOCIO, Y MENOS PARA ALGUIEN QUE TIENE UN SUEÑO

El carácter es muy importante para Dios, y la integridad moral está vinculada directamente con nuestro carácter. Cuando nuestros valores morales están basados en lo que Dios es, en su palabra y en lo que él dice de nosotros, nuestras decisiones van a reflejar que vivimos pendientes de ser lo que él desea que seamos.

Actuamos en consecuencia con lo que él espera de nosotros. Hay una marca sobre aquellos que Dios va a usar en los próximos años para traer el mayor impacto que ninguna generación anterior ha visto, y esa marca tiene que ver con un alto nivel de santidad en el que estamos dispuestos a vivir, porque el Dios que nos ha llamado es santo. Desarrolla un sentido de integridad, respeto por ti mismo y dignidad que te lleven a marcar una diferencia.

EL FACTOR ESPERANZA

Considero que cuando tienes una visión y caminas con convicción hacia tu destino no vendes barato eso que persigues con pasión. Te animo a disfrutar de la vida de libertad a la que Dios te ha llamado, pero no dejes de pensar que esa libertad trae consigo una responsabilidad. Encuentra placer en la santidad, ya que esta hará que llegues a destino sin demoras.

DESARROLLA UN SENTIDO DE INTEGRIDAD, RESPETO POR TI MISMO Y DIGNIDAD QUE TE LLEVEN A MARCAR UNA DIFERENCIA

Imagínate a Jesús en el desierto siendo tentado por Satanás (Lucas 4). Su enemigo está diciéndole: «Si te postras y me adoras, todo lo que tus ojos pueden ver será tuyo», pero Jesús sabía que, si era obediente hasta el final, no solo lo que podían ver sus ojos le sería entregado sino que sería Señor del cielo, de la tierra e incluso de lo que hay debajo de la tierra.

Lo que el diablo estaba ofreciéndole era demasiado poco comparado con lo que el Padre le daría como premio a su obediencia. Una vez más, el pecado no es negocio; el premio o el placer de la decisión del momento no son nada comparados con la gratificación que llenará tu vida al descubrir que te has mantenido fiel a tus principios y convicciones obedeciendo la voluntad de Dios, como lo hizo Jesús.

José pasó la prueba de la tentación. No solo se resistió a acostarse con la mujer de Potifar sino que ni siquiera se permitió jugar con la tentación, no entró en el juego de seducción que abortaría su destino. ¡Tomó la decisión correcta! Decidió honrar a Dios y a aquellos que estaban confiando en él.

Qué importante es que tomes en cuenta, cuando entras en una relación con una chica, que sepas adónde quiere ir, que tenga sueños, que esté caminando hacia su destino y por sobre todas las cosas que tenga presente el constantemente agradar a Dios. El código de honor por el cual vives, que es la Biblia, dice que tu cuerpo es para el Señor, y que el Dios a quien decidiste seguir y servir es un Dios santo.

Guardar tu cuerpo en pureza es cuestión de honor. Honras a la gente que confía en ti, honras a tu futura esposa y honras a Dios, a quien deseas agradar con todas las fuerzas de tu alma. Imagínate aquel día en que estés frente a aquella persona que amas y puedas decirle: «Me guardé para ti, quiero honrarte con mi virginidad, quiero entregarte lo más precioso que tengo».

Tú estás luchando por tu honor, por el honor de tu futura esposa y por el de los que te aman. Es una batalla intensa que durará el resto de tu vida, pero te garantizo que la recompensa vale la pena.

¿CÓMO SE RELACIONA ESTO CONMIGO?

Preguntas esenciales:

- ¿Cuáles son algunos tipos de tentaciones que te resultan realmente difíciles de resistir?
- ¿Qué papel has permitido que Dios juegue en cómo manejas la tentación?

¿Alguna vez has hecho lo que creías que era lo correcto en una situación solo para terminar en problemas o ser víctima del pecado de otra persona?

LECCIÓN 7

SÉPTIMA ESTACIÓN: INJUSTICIA

ACTÍVATE

Al comenzar la clase se pone al grupo formando un círculo, donde todos tienen que sacarse un zapato y ponerlo en el medio (durante la clase anterior puedes avisar —sin dar muchas pistas— que todos deben venir con lindas medias). Los líderes toman al azar un zapato y explican que cuando se dé la señal (con silbato, a la cuenta de tres o al bajar la mano) todos tienen que correr al medio y ponerse un zapato. Al correr, alguno de los participantes va a quedarse sin zapato. Ponerse el zapato de otro es muy difícil; a veces cuesta mucho, y en realidad no hay mucha gente que quiera hacerlo. Esta actividad es ideal para llevar al grupo a tratar de entender siempre la situación de los demás.

AL PUNTO

Nunca permitas que la injusticia por cualquier situación detenga el trabajo de Dios en ti y a través de ti. A través del conflicto nuestra vida espiritual se fortalece.

TEXTO PRINCIPAL

«Ella guardó el manto, y cuando Potifar regresó a casa esa noche, le dijo:

—¡El esclavo hebreo que tienes aquí quiso violarme, y solamente mis gritos me salvaron! ¡Al salir corriendo se le quedó su manto!

Cuando Potifar oyó esto, se enfureció. Tomó preso a José y lo echó en la cárcel donde tenían encadenados a los prisioneros del rey» (Génesis 39:16-20)

DESARROLLO DE LA LECCIÓN

Dios tiene el control incluso cuando parece que tu mundo está girando locamente fuera de control.

José está sufriendo injustamente por haber tomado la decisión correcta en el momento de la tentación, pero aun así, aunque las circunstancias no son las propicias, él no está dispuesto a desistir de hacer lo correcto porque sabe que hay un plan para su vida, y toda una generación dependerá de él.

Ahora José está en la cárcel. Sin esperar estar en situaciones ideales, aun en medio de lo que para otra persona hubiera sido drástico y motivo de desánimo, él sigue haciendo lo correcto y aun allí Dios le da favor y gracia, y termina siendo el líder dentro de la cárcel. Nunca esperes a que todas las condiciones sean aparentemente idóneas para emprender algo o avanzar hacia el destino de Dios para ti; muchos son los que nunca alcanzan nada porque esperan una vida sin dificultades. Nunca permitas que la injusticia por cualquier situación detenga el trabajo de Dios en ti y a través de ti.

La vida espiritual se fortalece a través del conflicto y las pruebas bien llevadas a cabo desarrollarán firmeza de carácter y preciosas gracias espirituales. El fruto perfecto de la fe, la mansedumbre y el amor a menudo madura mejor entre las nubes de tormenta y la oscuridad.

Se requiere autocontrol para aceptar la desilusión mansamente, pero Jesús entiende tus necesidades; toda oración ofrecida a él con sinceridad y fe será respondida. Habiendo hecho todo lo posible, rehúsate a dar paso al desánimo y la desesperación. Cuando te enfrentes con dificultades aparentemente insuperables, entonces es el momento por encima de todos los demás para confiar en el Señor.

NUNCA PERMITAS QUE LA INJUSTICIA POR CUALQUIER SITUACIÓN DETENGA EL TRABAJO DE DIOS EN TI Y A TRAVÉS DE TI

Nuestra gran meta es parecernos a Jesús, ser transformados y conformados a la imagen del carácter de Jesús es el objetivo que perseguimos cada uno de los que hemos respondido a su llamado para nuestras vidas. Alcanzar la madurez no es otra cosa que parecernos a Jesús, pero esto no sucede de la noche a la mañana: toma tiempo, requiere superar varios desafíos, caminar con él, escucharlo, darle prioridad a lo que él quiere para nosotros y morir a nuestros deseos (Filipenses 3:12).

«Y también nos gozamos de las aflicciones, porque nos enseñan a tener paciencia; y la paciencia nos ayuda a superar las pruebas, y así nuestra esperanza se fortalece» (Romanos 5:3-4).

El sufrimiento es una de las avenidas principales que recorren los jóvenes para crecer, formar su identidad y madurar. Cuando hablamos de lidiar con el dolor y el sufrimiento no nos referimos a causas extremas (aunque estas acontecen, como por ejemplo la pérdida de un ser querido o una relación rota), tal vez se trate de situaciones menores como problemas relacionales con sus amigos, cuestiones escolares, la acumulación de actividades, etc. Todas estas experiencias que van surgiendo en el proceso hacia la vida adulta son valiosas para ayudarlos a descubrir a Dios en medio de ellas. Parte de nuestra labor es justamente esa: enseñarles que encontrarán dificultades.

Todo adolescente que va creciendo necesita ser afirmado con palabras tales como «eres amado, eres único, tienes dones, eres valioso, eres valorado». Debemos quebrar la desesperanza y desconfianza que reciben a través de mensajes concretos desde el mundo que los rodea y de la cultura en la que están inmersos. Afirmemos sus valores, sentimientos y unicidad, pero además de esto, debemos prepararlos para la adultez desde la perspectiva correcta:

- La vida es difícil.
- No siempre sucede lo que esperas.
- Tú no eres lo más importante.

- La vida no se trata solo de ti.
- Habrá dificultades y tendrás que aprender a sobreponerte.
- Las cosas se logran con esfuerzo.
- Tendrás que ser perseverante.
- Deberás aprender a lidiar con el sufrimiento y el dolor.
- Algunas personas van a decepcionarte, no van a actuar como tú lo esperas.
- Los límites son saludables, debes saber por qué están ahí y cuál es su propósito.

Es cierto que estas frases parecen un tanto duras y negativas, pero los adolescentes necesitan oírlas. Por supuesto que son valorados, únicos y amados, pero también necesitan entender que, entrando en su etapa de madurez, desarrollarán su vida en un mundo que es más grande que ellos mismos y que no gira a su alrededor. Enfrentarán dificultades y momentos duros, pero esto los llevará a desarrollar una fe sólida en Jesús que los ayudará a enfrentar y superar cualquier situación por difícil que sea.

¿CÓMO SE RELACIONA ESTO CONMIGO?

Vivimos en un mundo donde somos bombardeados con muchas oportunidades de gratificación instantánea. El avance tecnológico hizo nuestra vida más fácil hasta el punto en que nos sentimos con derecho a todas las cosas buenas de esta vida, y parece que con solo presionar un botón podemos tener instantáneamente lo que queremos. Dado que este mundo está orientado hacia esa forma de obtener las cosas, podemos ver fácilmente por qué lidiamos con una pobreza de paciencia.

Parte de ser fiel es ser paciente. José lo sabía y fue muy paciente con la promesa de Dios. Recordaba el sueño en el que Dios le había revelado que él se levantaría y tendría poder: no sabía ni cuándo ni cómo sucedería eso, todo lo que sabía era que Dios nunca miente (Tito 1:2) y que podía cumplir lo que le había prometido (Isaías 46:10).

José aprendió el arte de la gratificación tardía: es el proceso de negarse a sí mismo del placer temporal e inmediato que el pecado puede brindar para disfrutar de una mayor alegría y bendición genuina en la presencia de Dios.

LECCIÓN 8

OCTAVA ESTACIÓN: PERSEVERANCIA

ACTÍVATE

Pide que tres voluntarios participen. A uno tápale los ojos y explícale que hará una carrera de obstáculos siguiendo las instrucciones de sus compañeros de equipo. Cuando esta persona esté lista, rápidamente haz un camino de obstáculos utilizando algunas sillas y otros objetos puestos en desorden por todo el salón. Se les explica en voz baja a los demás voluntarios sus roles: uno debe de influenciarlo para bien y otro para mal. El juego comienza, y deben gritar hacia dónde tiene que ir la persona con los ojos vendados. El estudiante tiene que intentar recorrer el camino lo más rápido posible. Después de que terminen el recorrido y de vendar los golpes, consigue que el grupo dialogue.

Dile al grupo: «Estamos rodeados de influencias buenas y malas cada día. ¿Puedes nombrar algunas influencias buenas que los estudiantes adolescentes experimentan? ¿Puedes nombrar algunas malas influencias que los estudiantes adolescentes experimentan?». Luego de que ellos hablen, diles: «Así como somos afectados por cosas y personas, también nosotros podemos influenciar a otras. ¿Puedes recordar alguna ocasión donde hayas podido influenciar con tu comportamiento a alguien?».

Termina esta parte diciendo: «Tienes al menos una elección que hacer siempre: ¿influenciarás a las personas hacia Dios y a tomar buenas decisiones, o las inducirás lejos de Dios y de tomar sabias decisiones?».

AL PUNTO

Aunque haya tiempos de pruebas, desilusión y presión, debemos permanecer firmes siendo hombres de valor, capaces de pararnos cara a cara frente al temor.

TEXTO PRINCIPAL

«Pero el Señor estuvo con José también allí y le mostró su amor, permitiendo que se ganara la confianza del carcelero. El hecho es que el carcelero pronto le entregó el cuidado de los prisioneros y lo dejó a cargo de todo lo demás que se hacía en la cárcel. Por eso, el carcelero ya no se preocupaba de nada, porque José tenía cuidado de cada cosa y el Señor hacía que todas las cosas le salieran bien» (Génesis 39:21-23)

DESARROLLO DE LA LECCIÓN

La *perseverancia* (también llamada *determinación*, *tenacidad* o *resiliencia*) es la habilidad de superar los contratiempos y obstáculos encontrados en el camino para lograr una meta.

El secreto del éxito en mi futuro está escondido en mi rutina diaria. Para ello, la disciplina es muy importante, ya que nadie puede ser excelente en aquello a lo que no está dedicado. Alguien que crece realiza algo todos los días, mientras que las personas que se quedan en el camino solo lo realizan de vez en cuando.

Siempre busca lo positivo en lugar de lo negativo en cada situación; date cuenta de que Dios utiliza todo lo que sucede para tu bendición o para tu instrucción. La grandeza en la vida no se mide por lo que acumulas o logras sino por lo logras soportar antes de renunciar.

DIOS UTILIZA TODO LO QUE SUCEDE PARA TU BENDICIÓN O PARA TU INSTRUCCIÓN

Después de ayudar al copero y al panadero de Faraón, José siguió en la cárcel, ya que el copero se olvidó de él y al panadero se le acabaron las ideas (fue ahorcado). Me asombra la tenacidad de José: aunque haya tiempos de pruebas, desilusión y presión, debemos permanecer firmes siendo hombres de valor, capaces de pararnos cara a cara frente al temor.

La historia cuenta que cuando el sirviente del Faraón no pudo ayudarlo con los extraños sueños que el rey tenía, de repente recordó su encuentro en la celda de la prisión con José y le dijo al rey: *«Allí el jefe de los panaderos y yo tuvimos un sueño una noche, y cada sueño tenía su propio significado. Le contamos los sueños a un joven hebreo, que era esclavo del capitán de la guardia, y él nos los interpretó»* (Génesis 41:11-12). El rey envió a buscar a José, quien dirigió toda la atención a Dios cuando respondió a la solicitud del rey de interpretar los sueños que este tenía. *«Yo no lo puedo hacer por mi propia cuenta —replicó José— pero Dios le dirá lo que significa»* (Génesis 41:16).

Al igual que José, necesitamos desarrollar paciencia y perseverancia para continuar confiando en Dios en medio de las situaciones desconcertantes de nuestras vidas. Mientras esperamos con paciencia, nunca sabemos cómo Dios usará una extraordinaria serie de circunstancias para guiarnos hacia nuestro glorioso futuro.

Si la visión que Dios te ha dado es más grande que tú, es un síntoma de que viene de Dios. Y algo que debemos tener en cuenta es que no está en juego tu capacidad de alcanzar la visión sino la capacidad de Dios de llevarte hasta allí, y para Dios todas las cosas son posibles. Enfrenta tus miedos y temores, y persiste hasta el final.

«Hermanos míos, que les dé gran alegría cuando pasen por diferentes pruebas, pues ya saben que cuando su fe sea puesta a prueba, producirá en ustedes firmeza. Y cuando se desarrolle completamente la firmeza, serán perfectos y maduros, sin que les falte nada» (Santiago 1:2-4).

Siempre recuerda:

- ¡Los planes y propósitos de Dios son mucho mayores que los nuestros!

- Dios provee y bendice a los que perseveran para seguirlo.
- Dios puede usar el momento más doloroso de nuestra vida para nuestro bien.
- Hay valor en el autocontrol en medio de una cultura que prioriza hacer lo que quieras y lo que sientas.
- Dios honra la paciencia y la perseverancia en tiempos de problemas.

Una y otra vez vemos que la tragedia, la dinámica de lo impensado, tiene una cita permanente con José, y sin embargo él logra superar cada etapa y avanzar hacia su llamado. Es de vital importancia enseñarle a esta generación a perseguir un sueño más grande que sus propias vidas y ayudarlos a ver que los planes de Dios para ellos son más grandes que cualquier engaño o promesa vacía de placer momentáneo que el enemigo tenga para ofrecerles. Debemos enseñarles que su fe no debe ser circunstancial y que ella será probada y purificada por las experiencias de la vida, con la finalidad de que pueda sostenerlos durante todo su caminar hacia la madurez.

¿CÓMO SE RELACIONA ESTO CONMIGO?

- Esperar reduce mi confianza en la carne y fortalece mi confianza en Dios (Isaías 40:31).

  Dios es el gran refinador, él purga las impurezas para que nuestro oro brille para su gloria. Es como el ratón y el elefante cruzando el puente de madera, donde el ratón dijo: «Realmente sacudimos ese puente, ¿no?». Por supuesto, el hombre es el ratón y Dios es el elefante. Es su plan que sigamos adelante sabiendo que Él siempre camina con nosotros.

- Esperar permite que mi carácter se desarrolle (Gálatas 6:9-10).

  Cuando Dios desea hacer un roble tarda 25 años, pero hace una calabaza en tres meses. ¿Qué quieres ser: un roble o una calabaza?

  José ahora es fuerte; nada puede sacudir su fe en Dios. Está listo para los difíciles desafíos que vendrán después: José va a ser el hombre clave de Dios para alimentar a un mundo en peligro de inanición masiva. La logística de tal trabajo es abrumadora, y nunca hubiera estado a la altura de la tarea sin antes haber aprendido a depender del Señor.

NOTA PARA EL LÍDER

Como líder, esta semana identifica una meta personal que has postergado, una que aunque te lo propusiste nunca lograste alcanzar. Compártelo con tus jóvenes, y luego pídeles que hagan lo mismo. Habla sobre por qué postergamos y qué papel juega el miedo en el proceso. Una vez que hayan discutido sus objetivos no realizados, propóngase tomar una decisión al respecto esta semana, actúen de alguna manera, den un paso para cumplirlo. Una vez más, rindan cuentas por el paso que dicen que van a tomar.

Muy a menudo, la dilación está directamente relacionada con el miedo: demoramos hacer algo porque tenemos miedo del resultado, podríamos fallar y quedar como tontos. Es posible que no sepamos qué hacer en medio de esto, y entonces postergamos. A veces, el mejor remedio es un simple paso de acción. Piensen y discutan este paso de acción y aliéntense mutuamente.

LECCIÓN 9

NOVENA ESTACIÓN: LIDERAZGO

ACTÍVATE

Vean y escuchen el videoclip de la canción *Soy José* (Rescate).

AL PUNTO

Dios va a ponerte en lugares de autoridad, pero recuerda que estarás allí para servir, porque al que más se le da más se le demandará. Liderar es un privilegio que se gana sirviendo.

TEXTO PRINCIPAL

«Entonces el faraón colocó en el dedo de José el anillo con el sello real, como señal de su autoridad, lo vistió con ropas muy finas y le puso la cadena real de oro en el cuello, y proclamó: —¡Mira que hoy te pongo a cargo de toda la tierra de Egipto!» (Génesis 41:41-42)

DESARROLLO DE LA LECCIÓN

José descansaba en su celda luego de una jornada de duro trabajo. Momentos antes había cerrado los ojos. Entonces, el carcelero lo llama abruptamente y le dice: «Tenemos quince minutos para transformar tu aspecto físico, pues tienes una cita con el rey». José mira al cielo y sonríe, se llena de gozo y le guiña un ojo al Señor; se levanta e inmediatamente se prepara.

José llega a su cita, escucha el sueño y lo interpreta magistralmente. El rey no solo quedó satisfecho con la interpretación sino que recibió una gran paz e inmediatamente asumió que un espíritu superior habitaba en José. Al instante, el rey toma una decisión: nombrar a José como su primer ministro y el encargado de economía y finanzas. Y así, en un instante, José entra en su *momentum*.

El don de José es interpretar sueños, pero esto es insuficiente para alcanzar su destino. También necesitaba carácter y lo forjó bajo un duro entrenamiento, hasta que llegó la oportunidad para la cual ya estaba lo suficientemente preparado y no debía dejarla escapar.

Rasgos del carácter de José cuando fue ascendido como primer ministro:

- José no se enorgulleció de su posición ni se aprovechó personalmente de su autoridad.
- Reconoció que fue llevado a desempeñar una labor en beneficio de otros.
- Pensaba más en su responsabilidad que en su dignidad.

Los nombres de sus hijos mostraban su progreso espiritual: *Manasés* (significa «el que hace olvidar») demuestra que José había vencido la amargura, y *Efraín* (significa «fructífero») que Dios hace fructificar a los que saben perdonar y olvidar.

Entonces, después de muchos años de sufrimiento y lucha, Dios convirtió a José en la persona más influyente después del Faraón en todo el mundo conocido en ese momento. Su sabiduría y planificación salvaron muchas vidas, no solo en Egipto sino en muchas otras naciones.

NOTA PARA EL LÍDER

(para esta parte sería genial que puedas utilizar la imagen de un iceberg)

CARÁCTER

El iceberg representa tu liderazgo: el 10% sobre el agua es tu habilidad y el 90% debajo del agua es tu carácter. Un iceberg es una imagen interesante de la primera regla de liderazgo: hay más de lo que es visible, ya que la mayor parte de un iceberg está debajo de la superficie del agua.

El iceberg es una excelente imagen de lo que el liderazgo significa, porque gran parte de nuestra influencia proviene de cualidades que no podemos ver en el exterior, son cosas debajo de la superficie. Creo que el 90 % de nuestro liderazgo está formado por nuestro carácter, que es la suma total de lo siguiente:

- Autodisciplina (la capacidad de hacer lo correcto incluso cuando no tienes ganas)
- Valores fundamentales (tus convicciones, los principios por los que vives que te permiten adoptar una posición moral)
- Sentido de identidad (una autoimagen realista basada en tus dones y personalidad)
- Seguridad emocional (la capacidad de ser emocionalmente estable y consistente)

VALENTÍA

Una vez que José superó varias etapas de prueba, fue colocado en un lugar de autoridad. Recordemos que cuando Faraón lo llamó para preguntarle si él podía interpretar su sueño, José dijo: «No soy yo quien puede hacerlo, pero Dios dará una respuesta a Faraón». Su don era un regalo de Dios, sin embargo no tomó crédito por ese don sino que actuó con humildad. Recuerden que la primera estación de prueba que pasó José fue la estación del orgullo, y ahora con 30 años y después de haber sido probado, reflejó que estaba listo para estar en autoridad, ya que había doblegado el orgullo en su vida.

Dios va a ponerte en lugares de autoridad, pero recuerda que estarás allí para servir, porque al que más se le da más va a demandársele. Si quieres ejercer correctamente tu lugar de autoridad, debes asegurarte de que tú mismo estás bajo autoridad: el día anterior José había estado en la cárcel, y a partir de este día era la segunda persona en autoridad en Egipto.

ESTRATEGIA

«Tal como lo había predicho José, llegaron los siete años de abundancia. Durante esos años la tierra produjo cosechas abundantes. Durante aquellos años José compró para el gobierno una porción de todas las cosechas obtenidas a través de Egipto y la almacenó en las ciudades cercanas. De este modo José logró amontonar tanto trigo, que nadie podía calcular la cantidad que había, pues era como la arena del mar» (Génesis 41:47-49).

CONFIAR EN EL SEÑOR PARA EL CONSEJO Y LA SABIDURÍA SIEMPRE SERÁ EL MEJOR LUGAR PARA COMENZAR A PREPARARSE PARA EL FUTURO

José le dijo a Faraón que el sueño significaba que Egipto tendría siete años de recompensa, seguidos de siete años de sequía y hambruna. Debido a esto, el Faraón lo puso a cargo de preparar a su nación para los años de necesidad. Dios le permitió a José tener la sabiduría y la guía para realizar esta difícil tarea, y debido a esto no solo la gente en Egipto comió durante la hambruna sino que también llegaban personas de todas partes del mundo para comprar comida durante ese tiempo. Confiar en el Señor para el consejo y la sabiduría siempre será el mejor lugar para comenzar a prepararse para el futuro.

¿Sabías que las ideas y estrategias que José utilizó para manejar el área financiera de Egipto son las mismas leyes que rigen los mercados actualmente? Principios como la ley de la oferta y de la demanda, la carga impositiva sobre los ingresos a través de la cual los gobiernos financian obras públicas, principios para combatir la inflación, el Estado como autoridad de los recursos naturales, etc.

Dios es un Dios creativo, y la innovación es la reserva creativa de los verdaderos líderes. Esta generación necesita líderes creativos que puedan traer respuestas a los conflictos de la sociedad. Sé un innovador, anímate a hacer cosas que nadie ha hecho. Pídele a Dios que te dé estrategias para llevar adelante la visión que te ha dado, y recuerda que aquel que te llamó y te reclutó para que le sirvas es el eterno Creador, el gran estratega.

CORAZÓN DÓCIL

«[...] Tal vez José nos guarde rencor, y ahora quiera vengarse de todo el mal que le hicimos» (Génesis 50:15, NVI).

Rasgos del carácter de José cuando se reencuentra con sus hermanos:

> Perdón. José no solamente perdonó a sus hermanos sino que proveyó ampliamente para satisfacer sus necesidades.
>
> Dominio propio. José tuvo dominio propio al esperar para darse a conocer a sus hermanos, ya que debía enseñaSrles una lección espiritual que ellos aprendieron al momento en que se ofrecieron todos como esclavos a cambio de que dejara en libertad a Benjamín. Precisamente Judá, el que ideó vender a José, fue el que más conmovido le rogó por la vida de Jacob para que no muriera, al ver que habría perdido a Benjamín.
>
> Confianza en la provisión. José demostró tener fe en lo referente a la provisión de Dios. Aun después de la muerte de Jacob, diecisiete años después de que llegaron a Egipto, sus hermanos le recordaron que Jacob deseaba que él perdonase a sus hermanos, pensando que luego de su muerte él se vengaría de ellos. Pero estas fueron las palabras de José: «—No tengan miedo —les contestó José—. ¿Puedo acaso tomar el lugar de Dios? Es verdad que ustedes pensaron hacerme mal, pero Dios transformó ese mal en bien para lograr lo que hoy estamos viendo: salvar la vida de mucha gente. Así que, ¡no tengan miedo! Yo cuidaré de ustedes y de sus hijos.
>
> *Y así, con el corazón en la mano, José los reconfortó»* (Génesis 50:19-21).

¡Qué importante es que, aunque ya estemos en un lugar de liderazgo y autoridad, sigamos cuidando nuestro corazón! Asegúrate de tener un espíritu perdonador, porque querer avanzar sin perdonar es como conducir un automóvil con el freno de mano activado.

¿CÓMO SE RELACIONA ESTO CONMIGO?

Cuando se reunió con sus hermanos, pudo decirles sinceramente: *«Pero no se aflijan ni se condenen por ello, porque era plan de Dios. Dios me envió aquí antes que a ustedes para preservarnos la vida y la de nuestras familias. Estos años de escasez son los primeros dos de siete años de hambre. En ese tiempo no habrá siembra ni cosecha. Dios me envió aquí para mantenerlos con vida a ustedes y a sus familias, para que puedan ser una nación grande. Sí, Dios, y no ustedes, fue el que me envió a Egipto. Dios me puso por consejero del faraón y por administrador de toda la nación, gobernador de toda la tierra de Egipto»* (Génesis 45:5-8)

En las tormentas de la vida, en los momentos más oscuros, debemos aferrarnos a las promesas de Dios sabiendo que su plan soberano implica, en ocasiones, atravesar «el negro valle de la muerte» (Salmos 23:4), con su palabra de que en todo momento y circunstancia él estará junto a nosotros.

EN LAS TORMENTAS DE LA VIDA, EN LOS MOMENTOS MÁS OSCUROS, DEBEMOS AFERRARNOS A LAS PROMESAS DE DIOS

Tal vez te parezca que vivir a la altura de la vida de José es imposible, pero Dios nos llama a todos a diferentes destinos. Si bien la mayoría de las personas no serán los líderes de grandes países o imperios poderosos, José caminó con el Señor y su carácter y las virtudes por las que vivió son alcanzables para el creyente que camina con el Señor.

«Dios convirtió en bien el mal que ustedes quisieron hacerme» (Génesis 50:20a). Esta afirmación, de hecho, es un principio aplicable para toda la historia humana: lo que la humanidad pretende para el mal, el Señor lo utiliza para el bien y para su plan.

PARA HACER CON EL GRUPO

Seleccionen algún líder comunitario que exhiba integridad y disciplina. Preparen una entrevista con esa persona y pregúntenle cómo construyó esa disciplina en su vida, cómo determinó vivir con integridad y cómo se mantiene haciendo lo correcto cuando es difícil. Pregúntenle también cómo fracasó en el camino y cómo finalmente logró la victoria sobre su carne.

PARA EL LÍDER

No modelemos vidas grises. Si nuestras vidas no son interesantes no podremos inspirar a esta generación. Una de las peores tragedias que puede sucedernos como líderes de este tiempo es modelar ante esta generación vidas sin contenido y enseñarles a nuestros jóvenes a vivir una vida gris, una vida sin compromiso, ordinaria y común. Dios es un Dios extraordinario. Jesús vivió una vida fuera de lo común y murió de una forma totalmente fuera de lo común, así que nosotros, como sus seguidores, no podemos darnos el lujo de desperdiciar nuestras vidas viviendo vidas comunes.

LECCIÓN 10

DÉCIMA ESTACIÓN: ES TU TURNO

ACTÍVATE

¡Estamos llegando al final de las diez clases! Pídele a cada chico que cuente cuál ha sido su estación favorita y por qué. Sorpréndete al ver cómo, en su amor incondicional, el Señor ha ido confrontándolos para producir en ellos una transformación que será el trampolín para impactar a más y más muchachos. Si alguno se atreve, que comparta con sus amigos algún sueño que ha cobrado vida a partir de este viaje espiritual.

AL PUNTO

La vida con Jesús debe estar plagada de aventuras. Si decidimos seguir al maestro y pretendemos ser como él, no tendremos una vida aburrida, previsible ni rutinaria.

TEXTO PRINCIPAL

«En lo que a mí respecta, Dios convirtió en bien el mal que ustedes quisieron hacerme, y me puso en el alto cargo que ahora desempeño a fin de que salvara la vida de mucha gente» (Génesis 50:20).

DESARROLLO DE LA LECCIÓN

Si te gusta la acción, ser cristiano es la mejor opción. Si te gusta la aventura, te encaminarás en una jornada en la que atravesarás las circunstancias más insospechadas y al mismo tiempo desafiantes que cualquier persona pudiera experimentar. Si Jesús —que es nuestro espejo e inspiración— vivió una vida de desafíos y aventuras, nosotros deberíamos reflejar ese mismo estilo de vida.

NO ENCONTRAMOS ABSOLUTAMENTE NINGÚN SIGNO DE PASIVIDAD EN JESÚS: MÁS BIEN, SU VIDA ESTABA LLENA DE INTENCIONALIDAD

Nadie ha sido más arriesgado y valiente que Jesús: desafió a los líderes religiosos más poderosos de su tiempo sin temor a ofenderlos, en muchas ocasiones puso en riesgo su propia reputación compartiendo tiempo y comidas con pecadores, estafadores y prostitutas —que fueron impactados y desafiados a comenzar una nueva vida después de encontrarse con él—, confrontó las costumbres sociales de su época al tocar a los leprosos para devolverles su dignidad, defendió a las personas que otros rechazaban y abrazó a aquellos que nadie amaba. No encontramos absolutamente ningún signo de pasividad en Jesús: más bien, su vida estaba llena de intencionalidad.

Vivimos en medio de una cultura que todo el tiempo trata de domesticarnos, apagarnos, robarnos la capacidad de pensar por nosotros mismos y hacernos parte de la gran manada que deambula sin propósito definido por este mundo. Por esto, vas a tener que rebelarte, vas a necesitar ser valiente una y otra vez para no amoldarte a lo establecido, para no vivir una vida cómoda, para atreverte a vivir diferente, para negarte a ir a lo seguro, a lo que no demande mucho de ti. Pero ese es el tipo de vida que Jesús desea contagiarnos.

Parte del proceso de madurar como fervientes discípulos de Jesús tiene que ver con preocuparnos cada vez menos por lo que la gente piensa de nosotros y cada vez más por lo que Dios piensa de nosotros. Se necesita ser valiente para vivir una vida de obediencia, que es hacer lo que Dios nos llama a hacer, cuando sea, como sea y donde sea.

Finalmente, José llega a la realización del sueño que Dios le había mostrado cuando era un jovencito: Dios lo había traído por un largo recorrido de prueba porque toda una nación, su presente y futuro dependerían de él.

SE NECESITA SER VALIENTE PARA VIVIR UNA VIDA DE OBEDIENCIA

Israel sobrevivió a ese tiempo de crisis y escasez gracias a que José pudo mantenerse firme cumpliendo su propósito y nunca se detuvo hasta llegar al lugar que Dios le había mostrado cuando era apenas un joven de 17 años. Sin darse cuenta, al cumplir su sueño José estaba cumpliendo el sueño de Dios, porque él más que nadie quiere tener cuidado de su pueblo escogido.

Siempre he pensado que creemos que nuestros sueños tienen que ver con nosotros, y nos cuesta darnos cuenta de que en realidad es Dios cumpliendo su sueño a través de nosotros. Una generación entera de jóvenes dependerá en los próximos años de los José que se levanten para traer guía y dirección para lo que Dios más ama: su gente, su máxima creación.

Hemos sido llamados por Dios no solo para arreglar lo que no funciona sino también para crear lo que no existe y hacer nuestra contribución para un mundo mejor. Es trágico que en la iglesia pensemos que la salida a cada problema es el retorno del Señor, el juicio de Dios y el rapto de la iglesia; subestimamos el sacrificio de Cristo cuando pensamos así. Su comisión para nosotros es la de infiltrar la cultura con su poder y su presencia, y este propósito debe ser manifestado por nosotros desde una posición de servidores y contribuyentes.

Tenemos permiso para estar en la Tierra durante un período determinado de tiempo para ser contribuyentes al bienestar de la sociedad. Fuimos creados para funcionar en medio de problemas, para brillar en medio de la oscuridad, para afectar cómo vive la gente, cómo es educada la gente, cómo piensa la gente, cómo se escribe la música, cómo se realiza la política, cómo se transforma la sociedad y muchas cosas más. El don que estaba en José fue el que le permitió acceder a Faraón, y lo acercó al lugar de influencia que Dios tenía preparado para él.

Todos tenemos habilidades únicas y talentos dados por Dios y él no nos hace responsables de lo que no tenemos, sino que quiere que descubramos y desarrollemos las habilidades que sí tenemos.

LOS MISTERIOS DE DIOS ESPERAN POR TI

«A ustedes se les ha concedido conocer los secretos del reino de los cielos [...]» (Mateo 13:11, NVI). Dios quiere revelarnos los misterios o secretos escondidos, que obviamente no sé cuáles son pero me imagino que podrían ser ciencias médicas, melodías, nuevas estrategias de educación, diseños, negocios, tecnologías, resolución a conflictos y problemas entre países o entre personas, etc.

Hemos sido pensados por Dios como un regalo a nuestra generación. Hay situaciones y problemas que están esperándonos a nosotros para ser resueltos; somos la respuesta de Dios para nuestra época. Seamos productivos, enfoquemos nuestras habilidades, asignación de vida, dones y fortalezas en contribuir con ellas para el beneficio de otros.

Hace un tiempo estaba dando una conferencia en la Universidad de Texas en Arlington hablando acerca de estas cosas, y al finalizar se acercó un estudiante; me dijo que tenía un llamado de Dios a servirlo y que su gran pasión era la arquitectura. Me contaba que estaba lidiando en conciliar estas dos cosas. Mientras escuchaba la conferencia, descubrió que podía utilizar su carrera como una herramienta de transformación y me dijo que le vino la idea de construir casas de bajo presupuesto para ser edificadas en países subdesarrollados con escasos recursos. ¡Pudo hacer la conexión entre su pasión y su llamado!

Podemos servir a Dios también con nuestra profesión mientras traemos soluciones a las problemáticas sociales a nuestro alrededor. Dios bendice a quienes son generosos y ponen el servicio a los demás como una prioridad en sus vidas.

Si pudiéramos entrevistar a José, nos diría «Dios es más grande que los fallos de tus padres, de tus hermanos o que el veredicto injusto de un tribunal» y luego explicaría: «Dios usa el mal para cumplir su propósito si tenemos la fe suficiente para considerar el cuadro más amplio de su designio y voluntad. Hay un tiempo para vivir y un tiempo para morir, así como también un tiempo para soñar. Y ese tiempo es ahora».

DIOS BENDICE A QUIENES SON GENEROSOS Y PONEN EL SERVICIO A LOS DEMÁS COMO UNA PRIORIDAD EN SUS VIDAS

No queremos ser de aquellos que miran desde la tribuna cómo otros juegan el partido de sus vidas siguiendo a Jesús. Deseamos estar en la cancha jugando, transpirando y compitiendo por esa palmada que algún día también nosotros recibiremos en nuestra espalda si usamos bien nuestros días, si aprovechamos al máximo las oportunidades, si aportamos nuestra singularidad y si servimos con fervor a quien nos llamó y nos amó incondicionalmente.

Su lealtad valió la pena, ya que Dios se mantuvo fiel a José, mostrándole un amor firme y otorgándole favor.

¿CÓMO SE RELACIONA ESTO CONMIGO?

PREGUNTAS ESENCIALES:

- Considera un momento en el que cuestionaste por qué Dios permitió que algo te sucediera, solo para ver más tarde —al menos en parte— que Dios estaba usando esa circunstancia aparentemente negativa para bien. ¿Cómo te hizo sentir eso acerca de Dios y su plan para tu vida?
- ¿Cuáles son algunas de las cosas problemáticas que están sucediendo en tu vida en este momento, que esperas que Dios eventualmente use para bien y algún día te permita entender?
- ¿Te resulta difícil confiar en Dios para guiar las decisiones que tomas en la vida?

ACTIVIDAD FINAL

¡El viaje recién comienza! Tómense una foto grupal para registrar esta jornada de crecimiento espiritual que emprendieron juntos. Utilicen el *#chicose625* y no se olviden de etiquetarme con @sergiovalerga porque me encantaría ser testigo de las estaciones de sus vidas.

BIBLIOGRAFÍA PARA CHICAS

- Stanley, Sandra. *Comparison trap*. North Point Ministries, Inc., 2015.
- Courtney, Vicky. *Move on*. Thomas Nelson, 2014.
- Meyer, Joyce. *Controlando sus emociones*. Casa Creación, 2001.
- Lucado, Jenna. *Redefining beautiful*. Thomas Nelson, 2009.
- Arroyo, Itiel. *Amar es para valientes*. E625, 2019
- Burns, Jim, Leys, Lucas. *El código de la pureza*. Editorial Vida, 2012
- E625. *100 ideas para líderes de adolescentes*. E625, 2017
- E625. *100 ideas para líderes de células y grupos pequeños*. E625, 2017
- *Biblia Bilingüe Teen Edition*. Editorial Vida, 2016.

PÁGINAS WEB

- www.girldefined.com
- www.benditalocuramadrid.com
- www.fucsia.co
- www.guioteca.com
- www.compartemimoda.es

BIBLIOGRAFÍA PARA CHICOS

- Valerga, Sergio. *Lo que todo líder debe saber de sus jóvenes*. Editorial Vida, 2012.
- Matlock, Mark. *Padres extraordinarios*. Editorial Vida, 2014.
- Valerga, Sergio. *7 secretos para líderes de adolescentes*. Editorial e625, 2018.
- Evans, Tony. *Detours - Bible study book: The unpredictable path to your destiny*. LifeWay Press, 2017.
- Valerga, Sergio y Carina. *Tal para cual*. Editorial Mundo Hispano, 2010.
- Matlock, Mark. *Decisiones inteligentes*. Editorial Vida, 2013.

ALGUNAS PREGUNTAS QUE DEBES RESPONDER:

¿QUIÉN ESTÁ DETRÁS DE ESTE LIBRO?

Especialidades 625 es un equipo de pastores y siervos de distintos países, distintas denominaciones, distintos tamaños y estilos de iglesia que amamos a Cristo y a las nuevas generaciones.

e625.com

¿DE QUÉ SE TRATA E625.COM?

Nuestra pasión es ayudar a las familias y a las iglesias en Iberoamérica a encontrar buenos materiales y recursos para el discipulado de las nuevas generaciones y por eso nuestra página web sirve a padres, pastores, maestros y líderes en general los 365 días del año a través de **www.e625.com** con recursos gratis.

zona de contenido PREMIUM

¿QUÉ ES EL SERVICIO PREMIUM?

Además de reflexiones y materiales cortos gratis, tenemos un servicio de lecciones, series, investigaciones, libros online y recursos audiovisuales para facilitar tu tarea. Tu iglesia puede acceder con una suscripción mensual a este servicio por congregación que les permite a todos los líderes de una iglesia local, descargar materiales para compartir en equipo y hacer las copias necesarias que encuentren pertinentes para las distintas actividades de la congregación o sus familias.

INSTITUTO e625

¿PUEDO EQUIPARME CON USTEDES?

Sería un privilegio ayudarte y con ese objetivo existen nuestros eventos y nuestras posibilidades de educación formal. Visita **www.e625.com/Eventos** para enterarte de nuestros seminarios y convocatorias e ingresa a **www.institutoE625.com** para conocer los cursos online que ofrece el Instituto E 6.25

¿QUIERES ACTUALIZACIÓN CONTINUA?

Regístrate ya mismo a los updates de **e625.com** según sea tu arena de trabajo: Niños- Preadolescentes- Adolescentes- Jóvenes.

¡APRENDAMOS JUNTOS!

INSTITUTO
e6 25
ESPECIALIDADES
/InstitutoE62
TU MINISTERIO
SUBIRÁ
DE NIVEL
Instituto e625
INSCRÍBETE
DIPLOMADO en LiderazGO Generacional
Programa Completo. Educación ministerial del futuro.
PROFESORES EXPERTOS
ACCESIBILIDAD Y MOVILIDAD
FLEXIBILIDAD Y PROFUNDIDAD
METODOLOGÍA
Nueva Web
Próximos cursos
Programa de estudios
www.InstitutoE625.com

e6 25 .com
Sé parte de la mayor
COMunidad de
educadores cristianos
Sigue en todas tus redes a
/e625COM

Libros Online
Revista Líder 6.25
Chat en tiempo real
Suscripción de materiales premium para iglesias
Tienda con envíos internacionales
Eventos de actualización ministerial
Seminarios para iglesias locales
INSTITUTO e625
Educación online www.institutoe625.com